Armin Göllner # Wędkarstwo

dla początkujących
i zaawansowanych

D1731896

DELTA

Spis treści

Zarys wiedzy o rybach 149

Wybrane gatunki ryb
i ich połów 155

Wstęp

Wędkarze zawsze byli i nadal są wdzięcznym tematem żartów. Spędzają czas zamyśleni, siedząc nad wodą i wpatrując się w kijek, z żyłką, na której końcu przyczepiona jest dżdżownica. Sprawiają wrażenie, jakby nie wiedzieli, co ze sobą zrobić. Wędkarstwo nie ogranicza się jedynie do łowienia ryb czy polowania na zdobycz. Każdego dnia jego urokowi ulegają miliony ludzi na świecie, ale wielu początkujących entuzjastów szybko zniechęca się, nie odkrywszy w sobie powołania. Pod tym względem wędkarstwo nie różni się zbytnio od tenisa czy golfa. Jest jednak coś, co nadaje wędkarstwu szczególny charakter. Każdy kto łowi ryby, ma bezpośredni kontakt ze zwierzętami i środowiskiem ich życia oraz bogactwem otaczającej nas przyrody. Sportową zasadę „szybciej, wyżej, dalej" można zastosować jedynie w wędkarstwie rzutowym – dyscyplinie, w której zestaw wędkowy służy do posyłania gumowego ciężarka na jak największą odległość lub do celu. Choć dynamicznie rozwija się wędkarstwo wyczynowe, w którym są zwycięzcy i pokonani, to jednak w łowieniu ryb na wędkę wrażenia sportowe muszą być podporządkowane dbałości wszystkich wędkarzy o zachowanie środowiska w jak najbardziej naturalnym stanie. Dlatego też nowocześni wędkarze, chroniąc i zarybiając wody, coraz powszechniej stosują zasadę „no kill" (nie zabijaj). W ten sposób zapobiegają wpisaniu najcenniejszych przedstawicieli ichtiofauny do czerwonej księgi ginących gatunków.

Książka ta ma służyć pomocą w rozwiązaniu wielu problemów wędkarskich. Przede wszystkim stanowi poradnik dla tych, którzy na rzece czy jeziorze z wędziskiem, linką i haczykiem w ręce pragną spróbować szczęścia. Pierwsze kroki nad wodą

wędkarz stawia zwykle trzymając wędkę do połowu gruntowego, dlatego wędkarstwo gruntowe, jako metoda podstawowa, zostało omówione obszerniej niż wędkarstwo spinningowe. Wędkarstwo muchowe natomiast przedstawiono jedynie w zarysie.

Zwracam się również do bardziej zaawansowanych wędkarzy z nadzieją, że będą mogli nieco uzupełnić lub odświeżyć dotychczasową wiedzę.

Celem tego poradnika jest wprowadzenie do istoty zagadnienia, dlatego omówienie technicznych i taktycznych problemów wędkarstwa ograniczono do spraw podstawowych.

Drogi Czytelniku, gdybyś poczuł się co najmniej sympatykiem „wodnych łowów", stoją przed Tobą otworem biblioteki wypełnione literaturą, dzięki której pogłębisz wiedzę w tej dziedzinie. Od powzięcia zamiaru do osiągnięcia sukcesu musi jednak upłynąć wiele dni. Zdobycie odpowiednich umiejętności wymaga czasu. Wędkarzem nie można się stać od razu. By nim zostać, trzeba uzbroić się w cierpliwość. I właśnie to jest najbardziej pociągające w tym zajęciu.

Ponad dwanaście książek o wędkarstwie dla początkujących, zaawansowanych i mistrzów, jakie do tej pory sam napisałem lub których byłem współautorem, upoważnia mnie do wyrażenia najserdeczniejszego podziękowania mojemu wydawcy. Przede wszystkim jednak nadszedł czas, aby z serca podziękować człowiekowi, który przez te wszystkie lata nie tylko stale wykazywał ogromne zrozumienie dla mojej pasji, lecz również wspierał mnie od narodzin pomysłu na nową książkę do chwili, gdy była już gotowa – mojej żonie Ramonie.

Armin Göllner

Woda – środowisko życia ryb

- 70,8% powierzchni Ziemi zajmują oceany, na kontynenty przypada zaledwie 29,2%.
- Zapasy wody na świecie wynoszą około 1,37 mld km^3, z tego 97,9% to woda morska, 2% lód na obu biegunach, 0,035% wody śródlądowe i wody gruntowe, a pozostała niewielka część unosi się w atmosferze w postaci pary wodnej.
- Około 1,4% powierzchni Polski wynoszącej 312 683 km^2, tj. 4378 km^2, zajmują zbiorniki wody powierzchniowej.

Wody stojące

Wody śródlądowe można wyróżniać według rozmaitych kryteriów. Najprostszy jest ich podział na wody stojące i płynące. Zbiorniki wody stojącej mogą być naturalne lub stworzone przez człowieka. Typowymi *zbiornikami wody stojącej* są: (zamknięte) jeziora, jeziora połączone z rzeką, zalewy, jeziora utworzone w wyniku budowy zapory, powstałe na terenach byłych kopalni odkrywkowych, w wyrobiskach żwiru i gliny, w zagłębieniach po wydobyciu torfu, martwe odnogi rzek, czyli starorzecza, glinianki, stawy, bajora i sadzawki. Chociaż zbiorniki stojącej wody często stwarzają znakomite możliwości wędkowania dla wędkarza, ale najbardziej interesujące są jeziora, dlatego zostaną dokładniej omówione. W zależności od kształtu i położenia geograficznego dzieli się je na różne typy. Podstawą podziału bywa jednak również – interesujący dla wędkarza – rodzaj żyjących w nich ryb. Pominiemy tym razem jeziora pstrąga potokowego, zło-

topstrąga, pstrąga jeziorowego i innych ich miesza-
nych form. Tego typu jeziora występują tylko w wy-
sokich górach i na przedgórzu, i nie mają więc znaczenia dla odbiorców tej książki.
Jezioro sielawowe. Jezioro o stromo opadającym
dnie, głębokości ponad 25 m. Woda zimna i przejrzysta. Podczas upalnego lata, w głębszych warstwach wody występuje niedostatek tlenu.
Główne gatunki ryb: sielawa, płoć, szczupak,
okoń, miętus. Jeziora typu sielawowego są również często zarybiane rybami z rodziny łososiowatych – głównie różnymi gatunkami pstrąga i troci.
Jezioro płoci. Zwykle jest głębokie i nawet latem
stosunkowo zimne przynajmniej w średnich
i głębszych partiach. Dno pokrywa warstwa szlamu; woda w pobliżu dna jest uboga w tlen. W to-
ni unosi się duża ilość pokarmu w postaci plankto-
nu zwierzęcego. Brzegi często są porośnięte trzci-

U góry: rys. 1
Jezioro sielawowe

U dołu: rys. 2
Jezioro płoci

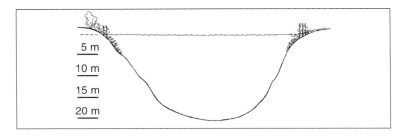

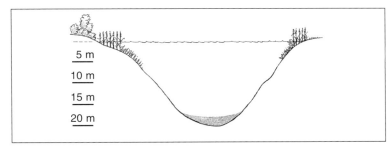

Jezioro leszczowe wiosną w północnych Niemczech. W szerokim pasie trzciny na brzegu jeszcze nie widać świeżych pędów.

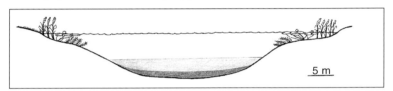

5 m

Rys. 3
Jezioro leszczowe
(typ płytki)

ną, z przylegającym do niej pasem wodnej roślinności. Opadające dno do znacznej głębokości pokrywa podwodna łąka.

Główne gatunki ryb: płoć, pojedyncze okazy leszcza.

Jezioro leszczowe. Może być płytkie lub głębokie. Charakterystyczne dla tego typu jeziora są płaskie, szerokie strefy brzegowe z rozległym pasem trzcin i bogatej roślinności podwodnej. Dno jest muliste. Woda w pobliżu dna głębokiego jeziora wykazuje znaczną ilość siarkowodoru. Liczne larwy muchówek zapewniają rybom obfitość pokarmu.

Główne gatunki ryb: leszcz, płoć, krąp, szczupak, węgorz, czasem sandacz, okoń.

Jezioro sandaczowe. Ma zwykle głębokość około 5 m i jest bogate w pokarm. Występuje w nim nie-

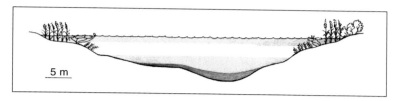

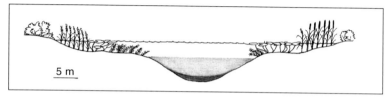

wiele wodnej roślinności. Mało przejrzysta woda (zakwit wody powoduje jej zmętnienie w dolnej warstwie) zawiera najczęściej znaczną ilość siarkowodoru. Dno jest zwykle gliniaste, a strefa brzegowa twarda, czasem kamienista.

Główne gatunki ryb: sandacz, płoć, ukleja, leszcz, karp.

Jezioro szczupakowo-linowe. Typowy dla tego jeziora jest szeroki pas gniazdowania ptaków i duża ilość podwodnej roślinności. Przy brzegu znajdują się rozległe obszary płytkiej wody. Dno pokrywa warstwa gnijącego szlamu. Woda w pobliżu dna zawiera mało tlenu, jednak nie wykazuje zawartości siarkowodoru.

Główne gatunki ryb: szczupak, lin, karp, węgorz, ponadto płoć, okoń, wzdręga, krąp, karaś.

Poszczególne typy jezior nigdy nie występują w „czystej" postaci. Zawsze mają jakieś cechy wspólne, które zacierają granice między nimi i niełatwo dostrzec różnice. Dla początkującego wędkarza nie ma to jednak większego znaczenia. Ważniejsza jest znajomość profilu jeziora i zmian, jakim podlega ono w poszczególnych porach roku. Profil zbiornika zilustrowano na przykładzie jeziora leszczowego (rys. 6).

U góry: rys. 4
Jezioro sandaczowe

U dołu: rys. 5
Jezioro szczupakowo-linowe

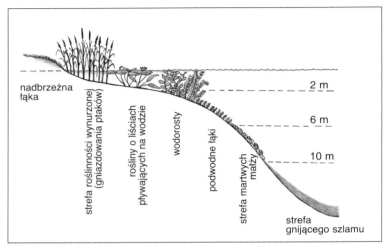

nadbrzeżna
łąka

strefa roślinności wynurzonej
(gniazdowania ptaków)

rośliny o liściach
pływających na wodzie

wodorosty

podwodne łąki

strefa martwych
małży

2 m

6 m

10 m

strefa
gnijącego szlamu

Rys. 6
Profil jeziora
leszczowego

Profil zbiornika wodnego. Brzeg jeziora leszczowego może być różnie ukształtowany. Często jest bagnisty i tworzą się na nim *podmokłe łąki.* Wejście na nie może być niebezpieczne dla życia! Od linii wody zaczyna się porośnięta trzciną i sitowiem *strefa gniazdowania ptaków.* Dalej rozciąga się *strefa roślin o unoszących się na wodzie liściach,* która obejmuje pas wody do 2 m głębokości. Najczęściej występuje tu grzybień biały i grążel żółty. Dalej zaczyna się *strefa roślin podwodnych.* Rosną tu licznie rdestnica, rogatek, wywłócznik i moczarka, będące głównym źródłem tlenu i bogatego w substancje odżywcze szlamu. W kolejności wymienić trzeba strefy podwodnych łąk, obumarłych małży i gnijącego szlamu.

Rzadko się zdarza, aby dno jeziora przypominało regularną, gładką miskę. Często znajdują się podwodne wzniesienia, tzw. okoniowe górki. W zależności od tego, jak wysoko sięgają one ku powierzchni jeziora, występują takie same rodzaje roślin podwodnych, jak w strefie przybrzeżnej.

W jeziorach można też wyróżnić *strefę brzego-*

wą (litoralną), *strefę otwartych wód* (pelagialną) i *strefę głębin* (profundalną).

Zawartość substancji odżywczych. Ze względu na zawartość substancji odżywczych jeziora dzielimy na ubogie w pokarm (oligotroficzne) i bogate w pokarm (eutroficzne). Z wyjątkiem jezior sielawowych, w Polsce zazwyczaj występują jeziora eutroficzne. **Cyrkulacja wody.** Woda w jeziorach w różnych porach roku podlega cyrkulacji. Warto przypomnieć, że największą gęstość ma woda o temperaturze 4°C. Gdy wiosną woda na powierzchni zostanie ogrzana do temperatury 4°C, opada na dno i wypiera ku górze zimne warstwy. Następuje *cyrkulacja*, podczas której wzbogacona w tlen woda z powierzchni dociera w głębsze rejony, natomiast uboga w tlen woda z dna wydostaje się na powierzchnię i nasycana jest tlenem. Taki sam proces zachodzi późną jesienią podczas spadku temperatury.

Roczny połów ryb na hektar powierzchni wody (wg Baucha 1970)	
Jezioro sielawowe	10–50 kg
Jezioro płoci	25–50 kg
Jezioro leszczowe	20–25 kg
Jezioro sandaczowe	15–25 kg
Jezioro szczupakowo-linowe	25–120 kg

W czasie ciepłych letnich miesięcy, w wyniku wahań temperatury za dnia i w nocy, jak również wskutek oddziaływania wiatru na górne warstwy wody następuje *częściowa cyrkulacja*. W wielu jeziorach jest ona jednak niewystarczająca, by uzupełnić ilość tlenu na dużych głębokościach. W jeziorach bogatych w pokarm w wyniku obumierania organizmów roślinnych i zwierzęcych nad warstwą szlamu tworzy się siarkowodór.

Wody płynące

Gdy kilkadziesiąt lat temu biolodzy zajmujący się populacją ryb podzielili wody płynące na krainy według gatunków najczęściej występujących w nich ryb, stan środowiska naturalnego był znacznie lepszy niż obecnie. Gatunki, od których krainy te wzięły nazwy, należą dziś do rzadkości – nazwy jednak pozostały.

Po prawej:
Strumień płynący pomiędzy miejscowościami Sommeralm a Bärenschütz-klamm jest naturalną ostoją pstrąga potokowego.

Nazwy wód płynących pochodzą od nazw gatunków ryb, które je zasiedlały.

Kraina pstrąga źródlanego. Zaczyna się ona u źródła rzeki, która w początkowym biegu jest zaledwie cienkim strumykiem i z tego względu dla wędkarza nie ma praktycznego znaczenia. Nieregularny bieg i poziom wody, niewielka ilość pożywienia i brak miejsc na kryjówki powodują, że jedynie różanki i ślizy znajdują tu dla siebie skromne warunki do życia.

Kraina pstrąga potokowego. Trzeba wyraźnie rozróżnić potok górski i potok na terenach nizinnych. W *potoku górskim* płynie zimna przejrzysta woda, bogata w tlen. Dno i brzegi są przeważnie kamieniste. Roślinność wodną stanowią głównie glony. Ilość pokarmu w wodzie o temperaturze nie przekraczającej 10°C jest niewielka, dlatego pstrągi potokowe w tym rejonie mają zwykle małe rozmiary.

Inaczej jest w rejonie *potoku nizinnego.* Występują tu odcinki o szybkim prądzie na zmianę z odcinkami spokojniejszymi i głębszymi. Dno jest piaszczyste lub żwirowe, a spadek koryta mniejszy. Mimo iż woda latem ogrzewa się do co najmniej 18°C, jest bogata w tlen i przejrzysta.

Większa ilość roślinności stwarza idealne warunki życia licznym drobnym zwierzętom, które stanowią pokarm dla ryb. Obok pstrągów potokowych i tęczowych, osiągających masę ciała często sięgającą kilku kilogramów, w tym rejonie żyją klenie, jelce, płocie, miętusy i szczupaki.

Kraina lipienia. Woda nadal płynie tu wartkim nurtem, jest przejrzysta, chłodna i bogata w tlen. W porównaniu z krainą pstrąga koryto jest dużo szersze i głębsze. Występuje też znacznie bardziej urozmaicona roślinność wodna. Lipieniom towarzyszą klenie, jazie, jelce, płocie, miętusy, szczupaki i węgorze. Pojawiają się też okonie.

Kraina brzany. Woda jest tu już lekko mętna. Temperatura wody wynosząca latem około 18°C sprzyja wegetacji wielu gatunków wodnej roślinności. Brzegi porasta trzcina, sitowie, tata-

U góry: Tama na rzece Unstrut powyżej Fryburga. Tu kraina brzany przechodzi w krainę leszcza.

Po prawej: Szmaragdowozielony dziki nurt w górzystym krajobrazie Austrii poniżej wodospadu Traun.

rak. Obok brzany wody te zamieszkują klenie, jazie, płocie, miętusy, węgorze, szczupaki, okonie oraz nielicznie bolenie, sandacze i leszcze.

Kraina leszcza. Typowa dla tego rejonu jest powoli płynąca, mętna woda, osiągająca latem temperaturę około 20°C. Zwykle jest to dolny bieg rzeki. Miękkie, często muliste dno stwarza niemal idealne warunki do wegetacji wodnych roślin. Poza głównym nurtem rzeki powierzchnia wody pokryta jest dywanami z unoszących się na wodzie liści roślin wodnych. W krainie leszcza występują prawie wszystkie gatunki ryb nizinnych. Wśród ryb niedrapieżnych dominują leszcze, zaś wśród drapieżników króluje sum oraz liczne bolenie i sandacze.

Kraina przyujściowa. Uchodzące do morza rzeki na ostatnich kilometrach zwykle bardzo szeroko się rozlewają. Ich prąd jest wolny, a dno najczęściej muliste. Pływy i podmuchy wiatru tłoczą słoną wodę często wiele kilometrów w górę rzeki. Obszar ten nazwano *krainą jazgarza i flądry*, ponieważ te gatunki występują najliczniej. Świat podwodnej roślinności dostosowany jest do warunków panujących w słonej wodzie. W miarę zbliżania się do uj-

ścia rzednie pas trzcin. Poza głównymi gatunkami ryb występują tu również węgorze, leszcze, krąpie, płocie, okonie i sandacze. Nasze wody to skomplikowany system niezwykle wrażliwy na wpływy zewnętrzne. Od niego zależy życie. Woda jest potrzebna do picia, do użytku domowego, wody śródlądowe stanowią szlaki komunikacyjne, są miejscem wypoczynku i rekreacji, środowiskiem życia ryb, podstawą rybołówstwa. Tak rozmaita użyteczność niesie ogromne zagrożenie. Degradacja tysięcy akwenów jest także skutkiem nowoczesnego sposobu produkcji w przemyśle i rolnictwie. Wielkie szkody wyrządzają kwaśne deszcze i eutrofizacja zbiorników wodnych. O powadze problemu świadczy fakt, że w wielu krajach szuka się sposobów lepszej ochrony wód.

Biorąc pod uwagę rozmiary zniszczeń, donkiszoterią może się wydawać pomysł udziału wędkarzy w ochronie wód. Skuteczność ich działania może mieć jednak istotne znaczenie. Z pewnością nie walczy z wiatrakami ten, kto uparcie domaga się zaprzestania odprowadzania ścieków komunalnych i przemysłowych do stawów, jezior i strumieni, kto dla wygody lub w imię źle pojętej tolerancji nie przymyka oczu na przypadki odprowadzania ścieków z obór i gospodarstw domowych do pobliskich rzek lub jezior, lecz zgłasza takie przypadki odpowiednim władzom i wykorzystuje media, by napiętnowały sprawcę. Być może człowiek taki uratuje tylko jeden zbiornik – ale i tak warto było walczyć. Wędkarz, który uważa siebie za przedstawiciela społecznej kontroli służącej ochronie naturalnego środowiska i wraz z powołanymi do tego celu władzami i organizacjami, dostrzegając związki ekologii z ekonomią, poszukuje rozsądnych rozwiązań, powinien być typowym przedstawicielem całego środowiska. Moralne prawo czerpania radości, przyjemności i zaznawania odpoczynku podczas uprawiania wędkarstwa przysługuje jedynie tym, którzy są gotowi do pomocy w ratowaniu tego, co stanowi podstawę naszej egzystencji – naszych wód!

Wędkarstwo

Historia wędkarstwa

- W wąwozie Olduvay w północnej Tanzanii LOUIS S. B. LEAKY znalazł liczące 2 mln lat szczątki praczłowieka i szczątki rybich szkieletów z tego samego okresu.
- Ludzie epoki kamienia (4500–2000 p.n.e.) z krzemienia i kości wyrabiali haczyki do połowu ryb.
- Fresk w domu „tragicznego pisarza" w Pompei (79 n.e.) ukazuje Wenus i Amora podczas łowienia ryb na wędkę.
- W eposie *Titurel* średniowieczny poeta WOLFRAM VON ESCHENBACH opisuje łowienie ryb na wędkę.
- W 1653 roku w Anglii, ukazała się praca IZAAKA WALTONSA *The Complete Angler or the Contemplative Man's Recreation (Wędkarz doskonały lub odpoczynek człowieka refleksyjnego)*.
- W 1905 roku lord HOLDEN ILLINGWORTH opatentował wynaleziony przez siebie kołowrotek ze szpulą stałą.
- W 1971 roku w Stanach Zjednoczonych firma FENWICK wprowadziła na rynek pierwszą wędkę z włókna węglowego.
- W roku 2000 około 100–120 mln ludzi na świecie uprawiało wędkarstwo.

Połów ryb i myślistwo są nierozerwalnie związane z historią człowieka. W miarę upływu czasu łowienie ryb jako sposób zdobywania pożywienia podlegało coraz wyraźniejszej specjalizacji. Strzała i łuk, harpun, sidła, różne pułapki, a nawet łowienie ryb ręką stanowiły ważne etapy codziennej walki o zaspokojenie głodu. Trudno dokładnie określić moment, w którym z codziennej walki o byt zaczynało się wyodrębniać wędkarstwo uprawiane dla przyjemności.

Na jednym z najstarszych egipskich rysunków (około 1400 p.n.e.) widać bogatego człowieka łowiącego ryby na wędkę. Czy w ten sposób musiał zdobywać pożywienie? Wiele przemawia za tym, że łowił dla przyjemności. W Europie wędkarstwo jako forma spędzania wolnego czasu rozwinęło się znacznie później. Wspomniany WOLFRAM VON ESCHENBACH w swoim utworze bez wątpienia ma na myśli wędkę muchową. Rękopis pieśni z początku XIV w. rycerza z Zurychu RÜDIGERA MANESSE'A i jego syna Johanessa przynosi dalsze cenne informacje. Drugie wydanie opublikowanej w 1496 roku w Anglii książki JULIANE BARNESA *The Boke of St. Albans* zawiera rozprawę o wędkarstwie. Od tamtej pory Anglicy zajmują czołową pozycję w tej dziedzinie. Pierwszą niemal kompletną rozprawę o wędkarstwie napisał IZAAK WALTON. Jego książka *The Complete Angler ...*

Ten niemiecki drzeworyt z 1574 roku, stanowiący ilustrację książki, ukazuje wędkarza i kosze do połowu ryb.

miała najwięcej wznowień spośród wszystkich książek o wędkarstwie, przetłumaczono ją nawet na egzotyczne języki i weszła do klasyki literatury światowej.

Inni angielscy przedstawiciele klasycznej literatury o wędkarstwie to MOSES BROWNE (*Piscatory Eclogues,* wyd. I, Londyn 1729), RICHARD BROOKS (*Art of Angling,* wyd. I, 1740), THOMAS C. HOFLAND (*The British Angler's Manual,* wyd. I, Londyn 1839).

Warto wymienić również mieszkającego kilkadziesiąt lat w Turyngii Anglika JOHNA HORROCKSA, który w interesującej książce *Sztuka wędkarstwa*

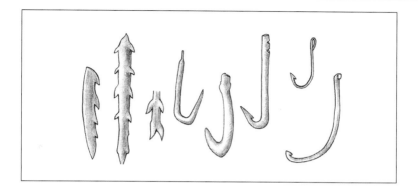

muchowego (Weimar 1874) nie tylko przedstawił jedną z najtrudniejszych metod połowu, lecz po raz pierwszy w historii literatury wędkarskiej w Niemczech podjął temat współzależności hodowli, dbałości o populację ryb i ich połowu.

Rys. 7 Prehistoryczny sprzęt wędkarski. Od lewej: harpuny, haczyki z ości, haczyki z metalu

Postacią wartą wzmianki jest też MAX VON DEM BORNE, właściciel rycerskich dóbr ziemskich w Berneuchen (Neumark) i szambelan królewski. Jego dorobek miał ogromne znaczenie dla rozwoju rybactwa w Niemczech, w tym wędkarstwa. Spośród wielu pozycji pisarskich von dem Borne'a wymienić należy *Ilustrowany podręcznik wędkarstwa* (1875), który stał się najpopularniejszym niemieckim podręcznikiem w tej dziedzinie. Do dziś ukazało się 18 wydań tej książki.

Pionierzy wędkarstwa XX wieku to KARL HEINTZ i MAX PIPER.

KARL HEINTZ jest pomysłodawcą wielu rodzajów sprzętu wędkarskiego, m.in. jego nazwiskiem została nazwana jedna z błystek wahadłowych. W 1903 roku wydał podręcznik *Sport wędkarski w wodach słodkich*, który do dziś prawie nie stracił aktualności.

> Wędkarstwo jest tak stare, jak ludzkość. Uprawiane świadomie pozwala chronić przyrodę.

MAX PIPER swoje doświadczenia z lat pięćdziesiątych zawarł m.in. w książkach *Podręcznik wędkarstwa spinningowego* i *Wędkarstwo muchowe* wszędzie.

Pierwszych, średniowiecznych autorów prac dotyczących wędkarstwa z milionami współczesnych wędkarzy łączy radość wypływająca z poszanowania przyrody, duchowa i fizyczna regeneracja, dbałość o naturalne środowisko, w tym także troska o ryby. Postawa etyczna wędkarza, wykluczająca traktowanie wód wyłącznie jako miejsca polowań, dzisiaj bardziej niż kiedykolwiek wymaga upowszechniania i musi się stać częścią osobowości każdego, kto lubi łowić ryby.

Wędkarstwo gruntowe

Wędkarstwo gruntowe to metoda połowu polegająca na tym, że przynęta zwierzęca lub roślinna, bądź kombinacje tych przynęt, podawana jest rybie za pomocą wędziska, żyłki i haczyka, a czasem spławika i ciężarka na dnie, w wyższych partiach wody lub na powierzchni zbiornika.

Technika połowu gruntowego

Sprzęt w wędkarstwie gruntowym

W wyniku ogromnego postępu technicznego współczesny wędkarz ma do dyspozycji wielką różnorodność sprzętu i akcesoriów, spełniających niemal wszystkie wymagania.

W niezwykle bogatej ofercie może się orientować profesjonalista, z pewnością jednak nie poradzi sobie żaden początkujący wędkarz.

> Wędkarstwo gruntowe to najstarsza uniwersalna metoda połowu, uznawana jest więc za podstawową metodę wędkarstwa.

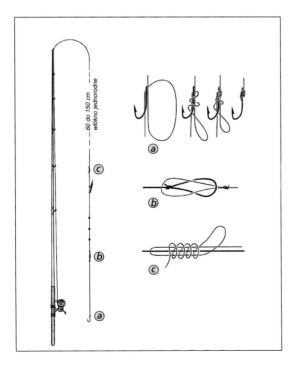

Rys. 8
Zmontowana wędka do połowu gruntowego (z kołowrotkiem i spławikiem przelotowym)

60 do 150 cm
włókno jednorodne

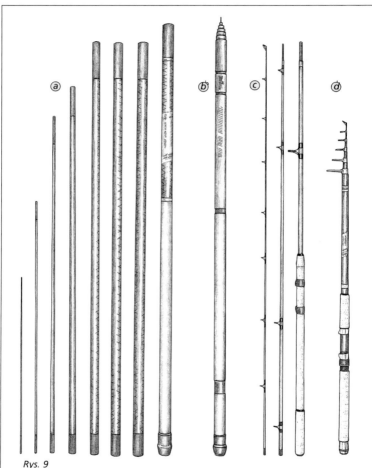

Rys. 9
Istnieją dwa typy wędziska – nasadowe i teleskopowe:
a) wędzisko nasadowe bez przelotek; b) wędzisko teleskopowe
bez przelotek; c) wędzisko nasadowe z przelotkami;
d) wędzisko teleskopowe z przelotkami

Sprzedawcy nie zawsze potrafią służyć fachową pomocą, dlatego właściwy wybór sprzętu jest dla nowicjusza bardzo trudny.

Każdy początkujący wędkarz, kupując pierwszy podstawowy sprzęt, powinien poprosić o pomoc doświadczonego kolegę. Przedstawiony poniżej opis będzie zapewne dodatkową pomocą.

Wędzisko. Może występować w prostej formie bez kołowrotka i przelotek, jak i z kołowrotkiem i przelotkami. Wybór zależy od przeznaczenia i miejsca połowu.

> Początkujący wędkarz potrzebuje dobrego doradcy, aby nie pogubić się w ofercie sprzętu wędkarskiego. Powinien też ostrożnie i z namysłem dokonywać zakupu.

Długość wędziska: Wędziska mają różną długość. Zdarzają się wędziska nawet 14-metrowe, ale mają one zastosowanie przede wszystkim w wędkarstwie *wyczynowym*. Do łowienia *rekreacyjnego* w zupełności wystarczą wędziska o długości 4-6 m. Na większości wód można nimi łowić płocie, leszcze, krąpie, wzdręgi, karasie, okonie i wiele innych z pomostu, z brzegu porośniętego wąskim pasem trzcin lub z łodzi.

Materiał: Jeszcze na początku lat siedemdziesiątych ubiegłego wieku nad brzegami naszych wód niepodzielnie królowały wędziska *bambusowe*, a nierzadko można było zobaczyć wędziska wykonane *z leszczyny* lub *jałowca*. Stopniowo materiały te wypierało praktycznie niezniszczalne *włókno szklane*. Matę szklaną – podobną do stosowanej do produkcji na przykład łodzi – owijano na stalowych lub plastikowych rdzeniach i klejono żywicami syntetycznymi. W ten sposób otrzymywano rurki o różnej średnicy i zbieżności. Technologia ta pozwoliła wytwarzać lekkie wędziska o parametrach oczekiwanych przez najbardziej wybrednych wędkarzy.

W 1971 roku amerykańska firma Feuwick dokonała kolejnego milowego kroku w rozwoju sprzętu wędkarskiego, wypuszczając na rynek pierwsze wędziska wykonane z *włókna węglowego*.

Włókno węglowe – niezmiernie lekkie, sprężyste i trudno łamliwe – obecnie jest podstawowym surowcem używanym w produkcji wędzisk. Jedyną wadą wędzisk węglowych jest ich niewielka odporność na uderzenia, co wymusza na użytkowniku bardzo ostrożne obchodzenie się z nimi zwłaszcza w trudnych warunkach terenowych.

Kompromisem zapewniającym dostatecznie dużą wytrzymałość, choć niestety kosztem większej masy i mniejszej sprężystości, jest zastosowanie kompozytów węglowo-szklanych. Wędziska *węglowo-szklane* są zdecydowanie tańsze od grafitowych, więc cieszą się dużym powodzeniem zwłaszcza u wędkarzy początkujących i łowiących duże ryby w trudnych warunkach.

Budowa: Wędziska występują w wersji *teleskopowej* i *nasadowej*. Wędziska teleskopowe zbudowane są z rurek chowanych jedna w drugą. Są wygodne w transporcie i łatwo je złożyć ze zmontowanym zestawem: żyłką, ciężarkiem, haczykiem itp. Mają też wady: są trudne do utrzymania w czystości, przelotki są w nich montowane na końcach składów, co nie zawsze zapewnia prawidłowy rozkład obciążenia wędziska, a ponadto ich gruby uchwyt, zwykle pokryty szorstką powłoką antypoślizgową, jest niezbyt wygodny w użyciu.

Dodatkowym wyposażeniem wędzisk *bezprzelotkowych* – zarówno teleskopowych, jak i nasadowych – jest jedynie uszko na szczycie wędziska, służące do mocowania żyłki (rys. 9a i b).

Do połowu dużych i silnych ryb konieczna jest *wędka wyposażona w przelotki i kołowrotek* (rys. 9c i d). Długość takich wędek wynosi 3–6 m.

Wędziska wyposażone w przelotki składają się zwykle z dwóch lub trzech łączonych nasadowo. Wędki gruntowe z przelotkami występują też w wersji *teleskopowej*.

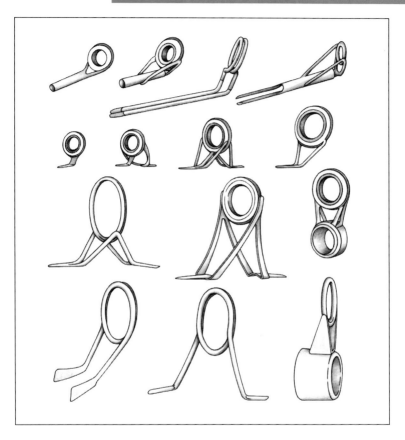

Wędka z przelotkami wymaga dodatkowego wyposażenia. Konieczne są przelotki, rękojeść (dolnik) i uchwyt kołowrotka. Na zakończeniu wędki znajduje się *przelotka szczytowa*, zwana również końcową. Narażona jest ona na najszybsze zużycie. Choć trudno to sobie wyobrazić, jednak miękka żyłka w krótkim czasie głęboko wrzyna się w pierścień przelotki. Skutkiem jest szybkie

*Rys. 10
Typy przelotek:
szczytowa z we-
wnętrznym pierście-
niem i bez (górny
rząd), przelotki
środkowej i wędki*

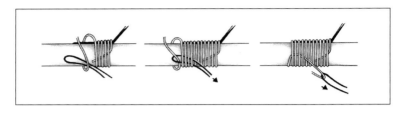

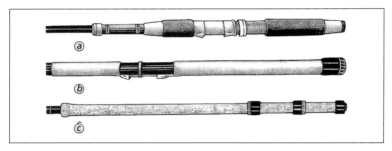

U góry: rys. 11 Mocowanie przelotki (kolejne etapy) Na dole: rys. 12 Uchwyt kołowrotka i kształty rękojeści: a) śrubowy; b) zatrzaskowy; c) pierścieniowy

zużycie żyłki, dlatego przelotka szczytowa powinna być wykonana z jak najlepszego materiału, na przykład z metali spiekanych (tlenku aluminium). Wędkarz musi zwracać baczną uwagę na stan wszystkich przelotek i wymieniać je natychmiast, gdy tylko pojawią się ślady zużycia. Sposób mocowania nowej przelotki przedstawiono na rysunku 11.

Rękojeść wędziska (dolnik) i uchwyt kołowrotka stanowią całość, choć różne mogą być rozwiązania techniczne tych elementów. Istnieją trzy typy uchwytów porównywalnej jakości: śrubowy, zatrzaskowy i pierścieniowy. Uchwyt zatrzaskowy stosowany jest wyłącznie w wędziskach gruntowych.

Ważne jest, aby dzięki uchwytowi kołowrotek mocno trzymał się na wędce. Istotne znaczenie ma długość dolnika od końca wędziska do stopki kołowrotka. W lekkich wędziskach służących do metod spławikowych zwykle nie przekracza ona długości przedramienia. Jedynie w ciężkich wędziskach gruntowych korzystna jest większa długość dolnika, co ułatwia dalekie i celne rzuty. Długi dolnik przydaje się również podczas holowania dużej ryby, gdyż można go wygodnie oprzeć o biodro.

Dolniki wędzisk gruntowych wykonane są z korka, korka prasowanego, tworzyw piankowych i drewna. Najlepszy jest dolnik z korka.

W wędkarstwie ważna jest „akcja wędki", która oznacza sposób wygięcia wędki pod obciążeniem. Dostępne na rynku wędki najczęściej mają akcję szczytową (sztywną), paraboliczną (średnią) i progresywną (miękką).

Wędzisko o *akcji szczytowej* charakteryzuje się dużą giętkością górnego zakończenia, natomiast w części środkowej i w okolicy uchwytu jest całkowicie sztywne.

Wędziska o *akcji parabolicznej* wykazują niemal jednakową giętkość na całej długości.

Wędzisko o *akcji progresywnej* łączy w sobie zalety akcji szczytowej i parabolicznej. Na niewielkie obciążenie reaguje czułe zakończenie wędziska. Wraz ze wzrostem obciążenia angażuje się mocniejsza część środkowa, a następnie dolna.

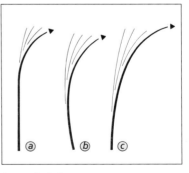

Rys. 13
Rodzaje akcji wędki:
a) szczytowa;
b) paraboliczna;
c) progresywna

Kołowrotek. Jest to urządzenie stanowiące rodzaj magazynu żyłki. Dzięki niemu możliwe jest umieszczenie przynęty na większej odległości od wędkarza lub prowadzenie zestawu z przynętą z prądem rzeki. Zadaniem kołowrotka jest też umożliwienie holowanej rybie wysnucie pod określonym napięciem odpowiedniej ilości żyłki.

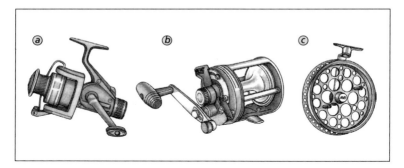

Rys. 14
Kołowrotki:
a) o szpuli stałej;
b) multiplikator;
c) o szpuli rucho-
mej – Nottingham

*Przykładając palec
wskazujący do
brzegu szpuli,
można za pomocą
tego kołowrotka
lekko opóźniać
spływanie zestawu
z prądem rzeki.*

Istnieją trzy rodzaje kołowrotków: prosty o szpuli ruchomej bez przełożenia, o szpuli stałej i multiplikator. Kołowrotek *o szpuli ruchomej* i *multiplikator* są rzadko stosowane w przypadku łowienia ryb metodami spławikowymi i lekkimi metodami gruntowymi, ponieważ za ich pomocą trudno jest wykonywać dobre, tzn. dalekie i celne rzuty. Użytkownik kołowrotka o szpuli stałej ma zdecydowaną przewagę nad wędkarzami używającymi dwóch poprzednio wymienionych typów, gdyż stosowanie tego rodzaju urządzenia umożliwia wykonywanie miękkich rzutów na znaczną odległość.

O jakości kołowrotka decyduje kilka istotnych szczegółów.

Dobry kołowrotek o szpuli stałej musi mieć co najmniej następujące właściwości: odporny na korozję korpus wykonany ze stopów aluminium lub włókna węglowego, niezawodnie funkcjonujący z szeroką rolką kabłąk, nasadową, łatwo wymienialną szpulę, cichy lekki bieg, płynnie regulowany, pewny hamulec żyłki. Na szpuli powinno się zmieścić 100 m żyłki używanej w danej metodzie.

Żyłka. Żyłka powinna być tak cienka, aby zarzucenie przynęty nie spłoszyło ryb i tak mocna, aby nie zerwała się podczas zacięcia, holowania i wyciągania zdobyczy.

Obecnie żyłki wędkarskie wykonane są wyłącznie ze sztucznego tworzywa. Mają postać jednorodnego, bardzo miękiego, włókna i doskonale współpracują z kołowrotkiem o szpuli stałej. Nadano im rozmaite nazwy. W porównaniu z dawniej używanymi żyłkami jedwabnymi mają wiele zalet: nie trzeba ich łączyć węzłami, można dowolnie wybrać długość, kolor i grubość. Są odporne na wodę i nie wymagają żadnej konserwacji. Dawniej produkowano żyłki syntetyczne wielo-

Multiplikator jest rzadko używany, jednak podczas połowu ciężkich ryb na naturalną przynętę w spienionych wodach morskich bywa nieodzowny...

... do wyłowienia tej ryby konieczna była również mocna wędka pracująca na całej długości.

29

włóknowe. Były one zdecydowanie sztywniejsze, dlatego do ich zwijania i rozwijania lepiej nadawały się kołowrotki o szpuli ruchomej i multiplikatory. Spór o odpowiednią grubość żyłki toczy się odkąd istnieje wędkarstwo. Dobrze pamiętam pobłażliwy uśmiech wytrawnych wędkarzy, gdy przed 30 laty żyłką grubości 0,30 mm próbowałem łowić szczupaka, podczas gdy starsi koledzy nigdy nie sięgali po żyłkę cieńszą niż 0,60 mm. Od tamtego czasu znacznie wzrosła wytrzymałość żyłek, dzięki czemu do połowu mniejszych ryb mistrzowie używają żyłek o średnicy 0,08-0,10 mm. Początkujący wędkarze do podobnych połowów powinni jednak używać nieco grubszej, a więc mocniejszej linki. Pojawienie się nowoczesnych żyłek (tablica 1) bardzo zmieniło zwyczaje.

> **Dobra rada:** Należy wybierać żyłkę na tyle mocną, na ile to niezbędne, i tak cienką, jak tylko to możliwe.

Osiągnięcie sukcesu jest tym łatwiejsze, im bardziej przestrzega się stosowania żyłki możliwie cienkiej i wystarczająco mocnej.

Wytrzymałość żyłki znacznie maleje w miejscach jej wiązania, dlatego też podczas montowania zestawów należy dbać o to, aby liczba węzłów była jak najmniejsza. Istotne znaczenie ma też dobór odpowiedniego rodzaju węzła (por. rozdział o montowaniu sprzętu, strona 52).

Nieużywana żyłka starzeje się i traci wytrzymałość, dlatego nowy sezon wędkarski najlepiej zaczynać z nową żyłką.

Można przedłużyć żywotność nieużywanej żyłki, trzymając ją w lodówce i w ciemnym miejscu. Warto też kupować żyłki konfekcjonowane w hermetycznych opakowaniach.

Częściej należy wymieniać żyłkę, gdy wędkujemy w wodach silnie zanieczyszczonych oraz z dużą liczbą zaczepów. W takich łowiskach nie warto używać drogich żyłek.

W sezonie również warto od czasu do czasu sprawdzić stan żyłki, aby uniknąć przykrych nie-

Tablica 1
Wytrzymałość nowoczesnych żyłek
(stan z 1999 roku)

Przekrój (w mm)	Wytrzymałość (w kg)
0,08	0,90
0,10	1,15
0,12	1,50
0,14	2,10
0,16	2,65
0,18	3,15
0,20	3,95
0,22	4,55
0,25	6,10
0,30	8,20
0,35	11,2
0,40	13,6
0,45	18,0
0,50	21,2

spodzianek. W razie podejrzenia, że żyłka z powodu holowania większej ryby lub innego obciążenia naciągnęła się albo wystąpiły na niej przetarcia, koniecznie należy odciąć uszkodzony fragment i wymienić go na nowy. Jeżeli węzły zostały zbyt mocno zaciśnięte, w razie ponownego, nawet najmniejszego obciążenia może nastąpić przecięcie żyłki.

Spławik. Spełnia on dwie funkcje. Po pierwsze, utrzymuje przynętę na ustalonej głębokości, po drugie, optycznie sygnalizuje moment brania. Możliwy jest też połów gruntowy bez spławika. Metoda sprawdza się w przypadku, gdy dno jest twarde, nieporośnięte.

Spławiki mają rozmaite kształty i wielkości. Różnią się też materiały, z których się je wykonuje. Do najbardziej popularnych i najczęściej używanych należę: kolce jeżozwierza, stosina pióra, drewno, korek oraz sztuczne tworzywo.

Godne polecenia są *wąskie, długie* spławiki, ponieważ mają bardzo małą wyporność i w przeciwieństwie do spławików pękatych prawie nie utrudniają rybie brania. Bardzo dobrze w praktyce sprawdzają się też spławiki *antenowe.* Masa ciężarka i przynęty powoduje, że z wody wystaje tylko antena spławika, tak że ryba podczas brania nie czuje podejrzanego oporu.

> Zadaniem spławika jest sygnalizowanie momentu brania i utrzymanie przynęty na odpowiedniej głębokości. Im mniejsza wyporność spławika, tym mniej podejrzliwa jest ryba.

Masywniejsze spławiki niezbędne są podczas połowu w wodach bieżących. Duża wyporność uniemożliwia wciągnięcie ich pod wodę przez nurt. Należy jednak unikać zbyt dużych spławików, gdyż nawet większe ryby stają się nieufne, gdy poczują znaczny opór.

Do połowów na głębokości przekraczającej długość wędziska konieczny jest spławik *przelotowy,* który nawleka się na żyłkę poprzez specjalne duże oczka. Nad spławikiem umieszcza się

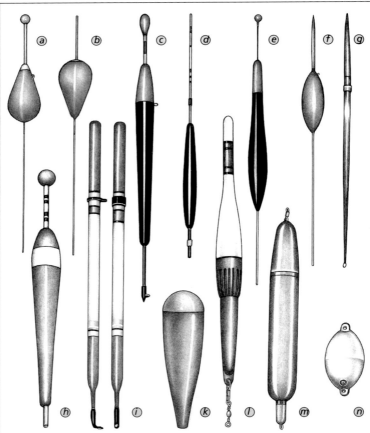

Rys. 15: Modele spławików i kula wodna
a) w kształcie kropli na bieżące wody; b) w kształcie odwróconej kropli na bieżące
wody; c) spławik ruchomy na wody stojące; d) stały na wody bieżące i stojące;
e) stały na spokojne wody bieżące i stojące; f) stały na silny prąd; g) spławik z kolca
jeżozwierza; h) spławik ruchomy z drewna balsa z wewnętrznym przebiegiem żyłki, czyli spławik centrycznie przelotowy; i) spławik ze sztucznego tworzywa, z lewej
przelotowy, z prawej stały; k) spławik ze sztucznego tworzywa na szczupaka
z wewnętrznym przebiegiem żyłki; l) spławik na baterie do nocnych połowów;
m) spławik z obciążeniem do dalekich rzutów (rzadko używany); n) kula wodna

śrucinę hamującą w takim miejscu, aby przynęta osiągnęła głębokość, na której chcemy łowić. Po zarzuceniu wędki haczyk, przynęta i ciężarek opadają do wody. Żyłka bez przeszkód prześlizguje się przez oczka spławika, aż śrucina hamująca ograniczy dalsze zanurzanie się przynęty.

Do połowów w ciemności przeznaczone są różnorodne spławiki *świecące*. Nowoczesny świecący spławik świeci światełkiem chemicznym. Składa się z zamkniętej przezroczystej rurki z tworzywa sztucznego, w której znajdują się dwie substancje chemiczne. Gdy ostrożnie zegniemy rurkę, substancje zmieszają się ze sobą, dzięki czemu przez wiele godzin będzie emitowane zielononiebieskie

Rys. 16
Stopery żyłki:
a) metalowy;
b) wiązanie węzła
stopującego;
c, d) stoper z wentyla; e) gotowe
węzły stopujące
na plastikowej
rurce

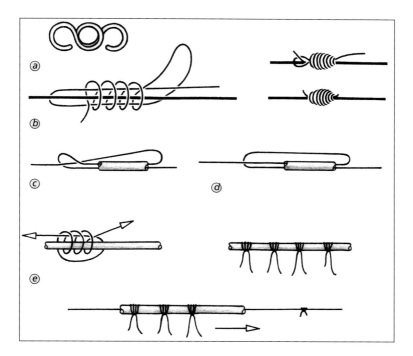

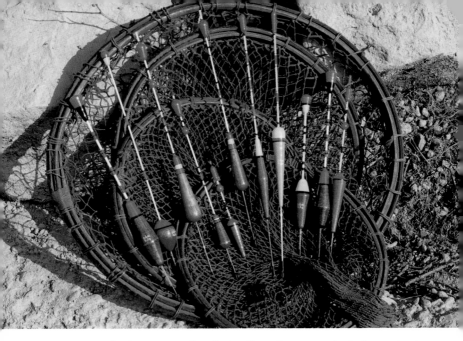

światełko. Światełka takie montuje się bezpośrednio na spławiku w pustej, przezroczystej antenie.

Ciężarek. Ciężarek w wędkarstwie gruntowym służy przede wszystkim do obciążenia spławika i przynęty. Bez takiego obciążenia przynęta unosiłaby się w wodzie w przypadkowym miejscu, nie tam, gdzie może ją znaleźć ryba z gatunku, który wędkarz pragnie złowić. Poza tym wiele zestawów do wędkarstwa gruntowego dopiero po zamontowaniu ciężarków osiąga masę umożliwiającą ich zarzucenie. Ciężarki mają zróżnicowany kształt i masę. Mogą być wykonane z ołowianego drutu, śrutu, folii ołowianej itp.

Podczas połowu niewielkich ryb ciężarek – najczęściej śrucinę zaciskową – mocuje się na żyłce powyżej haczyka. Jeżeli przynęta, na przykład martwa ryba, wypływa na powierzchnię, trzeba nawlec na żyłkę większy ołowiany ciężarek w kształcie oliwki. Tak zwane ciężarki gruntowe stosuje się podczas połowu ryb przebywających w pobliżu dna, jak węgorz czy miętus, lub stoją-

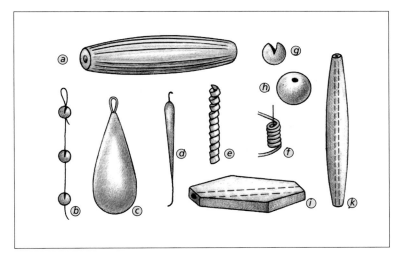

cych w silnym prądzie, jak brzana, sandacz, sum. Wadą wielu gotowych ciężarków ruchomych jest bardzo ciasny kanał, przez który żyłka przesuwa się z tak dużym trudem, że ryby dostrzegają grożące im niebezpieczeństwo i rezygnują z przynęty.

Jeżeli natomiast w miejscu, gdzie znajdują się otworki, przylutujemy małe oczka z miedzianego drutu, do których dodatkowo przymocujemy krętlik, otrzymamy dobrze funkcjonujący ruchomy ciężarek (żyłka przebiega wówczas na zewnątrz ciężarka). Istnieje wiele innych specjalistycznych ciężarków, jak „tyrolskie drewienko" lub ciężarek toczący się po dnie.

Przypon. Łączy on żyłkę główną z haczykiem. Stosuje się go, ponieważ najsłabsze, najłatwiej ulegające zerwaniu miejsce znajduje się poniżej spławika i ciężarków.

Żyłka przyponu jest zwykle od 0,02 do 0,05 mm cieńsza od żyłki głównej. Jeżeli haczyk zaczepi o jakiś przedmiot na dnie, nie tracimy całego ze-

Rys. 17
Ciężarki: a) oliwka ołowiana; b) śrucina ołowiana na żyłce; c) tak zwana bomba Arlesey'a; d) Torpillo; e) taśma ołowiana; f) drut ołowiany; g) śrucina zaciskowa; h) kula; i) ciężarek sześciokątny; k) oliwka ołowiana

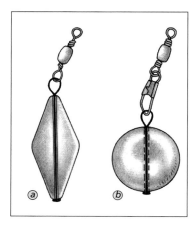

Rys. 18
Ciężarki przeloto-
we z przylutowa-
nym uchwytem
i krętlikiem:
a) na stałe;
b) za pomocą
agrafki

stawu ze spławikiem i kilkoma metrami żyłki podstawowej, a jedynie haczyk i przypon. Po przymocowaniu nowego przyponu z haczykiem lub zmianie haczyka na inny można bez większej straty czasu ponownie przystąpić do połowu. Niektórzy wędkarze w zależności od własnego uznania wiążą haczyk bezpośrednio do żyłki głównej.

Zestawu bez przyponu używa się do połowu większych gatunków ryb jak karpie, duże klenie i sandacze. Dzięki temu na żyłce jest co najmniej o jeden węzeł mniej (żyłka główna/przypon), ubywa zatem jednego słabego punktu. Wśród wędkarzy powszechnie panuje opinia, że do połowu szczupaków konieczne jest stosowanie przyponów wolframowych lub wykonanych z plecionek stalowych.

Przypony metalowe mają zwykle od 20 do 50 cm długości i zakończone są z jednej strony krętlikiem, a z drugiej agrafką (do spinningu) bądź kotwiczką lub haczykiem w wypadku łowienia na martwą rybkę. Przypon metalowy nie musi być słabszy od żyłki głównej, dobrze jednak gdy jest możliwie cienki i elastyczny.

Haczyk wędkarski. Podstawowy kształt haczyka od tysiącleci się nie zmienił, jednak już około 1900 roku rozróżniano ponad 50 rozmaitych modeli. Od tego czasu pojawiło się jeszcze kilkadziesiąt nowych.

Istnieją haczyki zwykłe (pojedyncze), kotwiczki podwójne i kotwiczki. W wędkarstwie gruntowym do połowu ryb spokojnego żeru używa się zwykłych haczyków. Kotwiczki są stosowane do połowu ryb drapieżnych.

Mimo różnorodności modeli haczyki mają *wspólne cechy świadczące o ich jakości.* Nie warto oszczędzać paru groszy, kupując tańsze, ale gorsze haczyki.

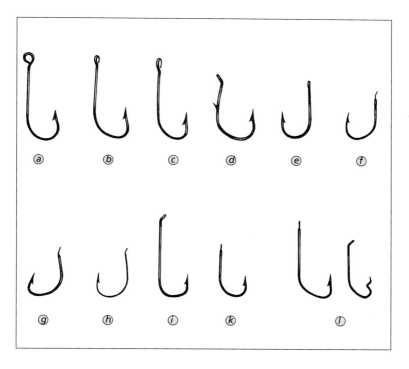

Rys. 19
Najczęściej używane haczyki wędkarskie:
a) na węgorze; b) na makrele); c) kirby; d) na karpie na robaki; e) na karpie
(m.in. na groch) z prostym grotem; f) na karpie, łukowato wygięty;
g) uniwersalny na ryby spokojnego żeru; h) cienki druciany na ryby spokojnego
żeru; i) sneckbent; k) włoski; l) limerick z zadziorem i bez

Ważne jest, aby haczyk był wyprodukowany z odpowiednio zahartowanej stali. Jeżeli stal jest zbyt miękka, haczyk się odkształca. Zbyt twarda natomiast jest krucha i haczyk, który utkwił w zaczepie pęka w razie nieco gwałtowniejszego zacięcia lub podczas holowania. Grot haczyka powinien być krótki, ale bardzo mocno zaostrzony. Haczyki o długim grocie kiepsko trzymają się w rybim pysku, a ponadto grot łatwo może się odłamać. Jeżeli haczyk ma uszko, trzeba sprawdzić, czy jest zamknięte. W przeciwnym razie haczyk urwie się z przyponu.

> Mimo niewielkich rozmiarów haczyk jest najważniejszym elementem sprzętu wędkarskiego, dlatego należy go starannie wybierać.

Haczyk zakończony łopatką należy dokładnie obejrzeć, ponieważ łopatki często mają niezwykle ostre brzegi, które już podczas przywiązywania haczyka przecinają żyłkę.

W *wędkarstwie gruntowym* stosuje się następujące zwykłe haczyki:

Haczyk na węgorze: regularnie wygięte kolanko z prostym grotem, długie ramię, stosunkowo duże uszko.

Haczyk na makrele: szerokie, nieco spłaszczone kolanko z prostym grotem, długie ramię i okrągłe uszko.

Haczyk kirby: zwyczajne kolanko, grot nieco odchylony w bok, długie ramię zakończone małym uszkiem lub łopatą.

Haczyk na karpie: duże kolanko i grot wychylony w bok, krótkie ramię z dodatkowymi zadziorami skierowanymi do tyłu, wygięte uszko lub łopatka.

Haczyk sneckbent: kolanko kanciaste, zakończone wychylonym w bok grotem, długie ramię z wygiętym do wewnątrz uszkiem.

Haczyk włoski: zwyczajnie wygię-

Haczyki mają rozmaitą wielkość i kształt.

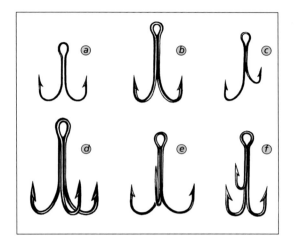

te kolanko, grot wychylony lekko w bok, krótkie ramię z łopatką.

Haczyk limerick: bardzo cienki haczyk o lekko kanciastym kolanku, grot prosty lub odchylony w bok, średniej długości ramię zakończone łopatką.

Haczyki kirby, sneckbent i limerick występują również jako kotwiczki podwójne i zwykłe. Ich ramię zwykle zakończone jest kółkiem (rys. 20).

Nieco problemów przysparza oznaczenie *rozmiaru haczyka*. Istnieją dwa systemy numeracji, dawny i nowy. Obecnie są w sprzedaży haczyki oznaczane według nowego systemu, ale wciąż brakuje katalogu z ich klasyfikacją. Podstawą nowej numeracji w zasadzie jest długość ramienia haczyka (oznaczenie numeryczne haczyka równa się długości jego ramienia w mm). W przypadku haczyków standardowych przełożenie jest proste, jeżeli jednak ramiona są wyjątkowo długie lub szerokie, zaczynają się problemy.

W starej numeracji, opartej na trudnym angielskim systemie miar, liczba wskazująca wielkość

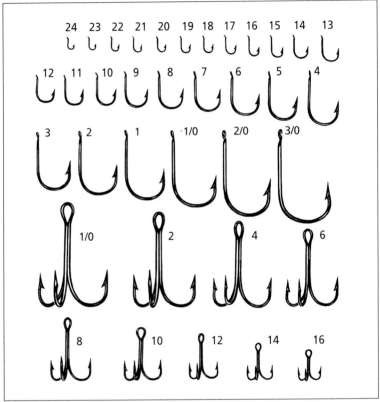

Rys. 21
Rozmiary zwykłych haczyków i kotwiczek według Redditcha – skala 1:1, tzw. stary system numeracji

haczyka jest tym większa, im mniejszy jest haczyk. Zwykły haczyk numer 18 ma długość ramienia wynoszącą około 5 mm. Taki sam model numer 1 ma około 25 mm długości. Do oznaczenia większych haczyków dodatkowo używa się zera, na przykład haczyki większe od oznaczonego cyfrą 1 noszą symbole 1/0, 2/0, 3/0 itd.

System ten z pewnością nie jest zbyt przejrzysty. Aby ułatwić posługiwanie się znakami cyfrowymi, na rysunku 21 przedstawiono ciąg zwykłych haczyków i kotwiczek wraz z odpowiadającymi im numerami.

Przynęta. Dobór przynęty jest elementem sztuki wędkarskiej. Przyjmując jej podział na technikę wędkarstwa i taktykę wędkarstwa, przynętę należałoby zaliczyć do kategorii techniki. Przynęta w wędkarstwie gruntowym dzieli się na naturalną i sztuczną.

(1) Naturalna przynęta w wędkarstwie gruntowym. Kto choć raz przyjrzał się zawartości żołądka złowionej ryby, ten się z pewnością zdziwił, jak różnym pokarmem się żywi. Zastosowanie przynęty zwierzęcej – w tym owadów – wymaga skrupulatnego przestrzegania przepisów o ochronie przyrody!

Poniżej przedstawiamy wybór sprawdzonych rodzajów przynęty roślinnej i zwierzęcej oraz wskazówki na temat samodzielnego jej wykonania. O tym kiedy i jaki rodzaj przynęty jest zalecany, będzie mowa w dalszej części książki.

Przynęta roślinna
– *Chleb* to uniwersalna przynęta dla ryb spokojnego żeru. Szczególnie skutecznie wabi je oderwany kawałek kromki białego chleba, unoszący się na wodzie. Do rzutu wędką należy użyć chleba ze skórką, przez którą przewlekamy haczyk, aby się nie wyśliznął.
– *Ciasto* uważane jest za skuteczną przynętę bez względu na porę roku. Z setek istniejących przepisów wybraliśmy dwa:
1. Trzy ugotowane, rozgniecione ziemniaki zmieszać z łyżką stołową kaszy manny i odrobiną mąki pszennej. Dodać łyżeczkę miodu. Z masy zagnieść kulę. Można dodać także odrobinę sera o silnym zapachu.
2. Kromkę białego chleba bez skórki namoczyć w wodzie, następnie posypać cukrem, łyżką mąki ziemniaczanej i odrobiną mąki pszennej. Wyrabiać, aż powstanie miękka masa nie przyklejająca się do rąk.

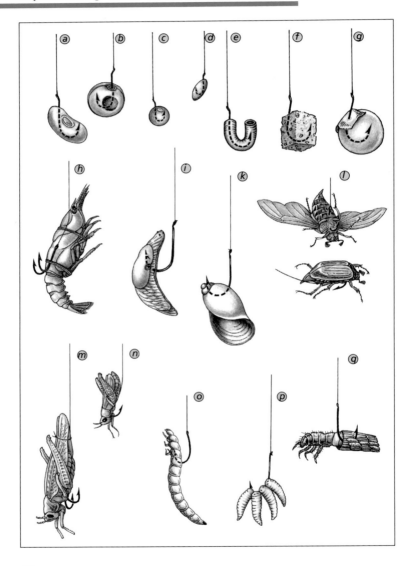

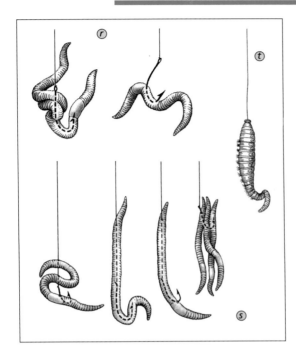

*Rys. 22
Przynęta i jej moco-
wanie na haczyku:
a) fasolka; b) wi-
śnia; c) groszek;
d) ziarno zboża;
e) makaron; f) ka-
wałek chleba;
g) ziemniak; h) mar-
twy rak (bez szczy-
piec); i) ślimak bez
skorupy; k) ślimak
ze skorupą (skorupę
lekko wcisnąć);
l) chrząszcz majowy;
m) szarańcza;
n) konik polny;
o) larwa mącznika;
p) wiązka białych
robaków; q) larwa
chruścika z częścio-
wo usuniętą osłoną;
r) rosówka; s) czer-
wone robaki; t) pi-
jawka*

Dobre jest też ciasto zagniecione z białego chleba lub bułki bez dodatków.

– Wszystkie karpiowate lubią *ziemniaki*. Najlepsze są niewielkie, nie rozgotowane ziemniaki w mundurkach. W zależności od wielkości haczyka odcinamy nożem odpowiednie kawałki.

– *Groszek* i *fasolka* to znakomita przynęta przez cały rok. Po kilkugodzinnym moczeniu gotuje się je do miękkości (ale nie rozgotowuje). Surowy groszek i fasolkę można też włożyć do termosu, zalać wrzącą wodą, szczelnie zamknąć i pozostawić na kilka godzin, a następnie rozgnieść palcami.

43

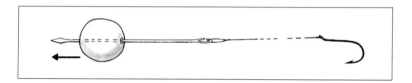

Rys. 23

Pszenica pęcznieje, trzykrotnie zwiększając objętość w porównaniu z suchym ziarnem. Jest gotowa, gdy skórka lekko pęka.

Owoc jarzębiny mocuje się w ten sposób, by ostrze haczyka trochę wystawało. Inaczej podczas brania haczyk nie utknie w pysku ryby.

Uwaga: Termos należy wypełnić nasionami najwyżej do jednej trzeciej objętości. Podobnie postępujemy z nasionami konopi, pszenicy i kukurydzy, które stanowią równie dobrą przynętę.

– *Wiśnie, małe śliwki, owoce jagodowe* latem połykane są przez klenie również w miejscach, w których zwykle nie ma tego rodzaju pokarmu. Owoce wpadające do wody z okolicznych drzew i krzewów zjadane są też przez inne gatunki ryb.

– *Glony nitkowate* są u nas jeszcze mało znane. Chętnie biorą na nie ryby spokojnego żeru, na przykład płotki. Przynętę stanowi kawałek algi długości zapałki, owinięty wokół haczyka. Glony nitkowate latem masowo porastają kamienie, kawałki drewna i inne przedmioty znajdujące się w bieżącej wodzie.

Przynęta zwierzęca

– *Dżdżownice*, zwłaszcza występujące masowo w kompoście czerwone robaki i wychodzące w nocy z wilgotnej ziemi na powierzchnię rosówki, są lubiane przez ryby o każdej porze roku. Czerwone robaki zbieramy po uprzednim zruszeniu kompostu łopatką, rosówki natomiast najłatwiej znaleźć przy świetle latarki w parku, ogrodzie i na krótko przystrzyżonych trawnikach. Należy przy tym zachować ostrożność, gdyż najmniejszy wstrząs lub hałas powoduje, że błyskawicznie znikają w kanalikach glebowych.

– *Mięso małży i ślimaków* to znakomita przynęta dla węgorzy i sumów, chętnie zjadana również przez okonie i ryby karpiowate.

– *Raki*, które w czerwcu i lipcu linieją, są dobrą przynętą dla dużych węgorzy, okoni, karpi i sumów. Uwaga: Nie wszystkich gatunków, raków można używać na przynętę! Gatunki nie objęte ochroną są dobrą przynętą również dla innych ryb drapieżnych.

– *Ryby* służą jako przynęta na ryby drapieżne, jak sum, szczupak, sandacz, okoń, węgorz, miętus itp. Rybki na przynętę łowimy wędką gruntową. Uwaga: Koniecznie trzeba przestrzegać szczegółowych przepisów dotyczących stosowania tego rodzaju przynęty!

– *Larwy muchy plujki*, czyli tzw. „białe robaki" uważane są za uniwersalną przynętę dla ryb spokojnego żeru. Używa się ich zwykle do połowów spławikowych. Nadają się do łowienia mniejszych okazów. Obecnie już nikt samodzielnie nie hoduje białych robaków. Nawiasem mówiąc, nie jest to zajęcie zbyt przyjemne, gdyż rozwijają się one z jaj składanych przez muchy na mięsie i rybach. W sklepach jest duży wybór odpowiednio przygotowanych, różnej wielkości robaków barwionych na kilka kolorów.

Mocowanie owada na haczyku. Ostrze musi trochę wystawać.

– *Larw mącznika* używa się jako uniwersalnej przynęty na wszystkie ryby spokojnego żeru. Można je kupić w sklepach zoologicznych.

– *Chrabąszcze* rozmaitych rodzajów chętnie biorą prawie wszystkie gatunki ryb. Podaje się je na powierzchni lub pod wodą.

Uwaga! Każdy, kto łowi ryby na przynętę zwierzęcą, musi zwracać baczną uwagę, by nie używać zwierząt znajdujących się pod ochroną.

– *Szarańcza* to znakomita przynęta latem i wczesną wiosną. Zaczepiona na haczyku, pływając po powierzchni wody, jest niezwykle skuteczna. Owady przechowuje się w zamkniętej butelce z otworkami umożliwiającymi dostęp powietrza.

– *Larwy chruścika* to jeden z najbardziej uniwersalnych rodzajów przynęty. Można je zbierać w wielu zbiornikach wodnych. Z drobnych kamyków, kawałków drewna, resztek trzciny i innych tego rodzaju materiałów larwy budują rurkowate schronienia, w których żyją i poruszają się po dnie. Lekkie uciśnięcie kciukiem i palcem wskazującym cienkiego zakończenia domku powoduje,

Krewetki – również mrożone – są znakomitą przynętą dla różnych gatunków ryb żyjących w wodzie słodkiej i słonej.

że larwa wypełza z drugiej strony. Jako przynęty używa się jednej lub dwu larw zaczepionych na cienkim haczyku.

– *Larwy ochotkowych* (ochotki) – niewielkie czerwone robaki – w naturze występują w głębokich pokładach mułu wodnego. W sklepach dostępne są wymieszane z torfem, w porcjach wystarczających na kilkugodzinne wędkowanie. Skuteczne są zwłaszcza w chłodniejszych porach roku. Biorą na nie wszystkie ryby spokojnego żeru oraz okonie.

– *Ser* jest stosowany zwykle w chłodniejszych porach roku. Do połowów pod lodem dobrze nadaje się ser topiony. Karpie i brzany również la-

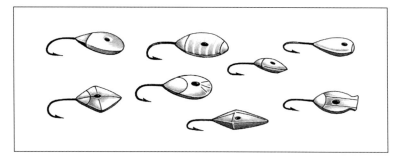

tem chętnie sięgają po pokrojone w kostki kawałki sera. Przed użyciem ser powinien przez kilka godzin „pomięknąć" w mleku.

(2) Sztuczna przynęta w wędkarstwie gruntowym odgrywa drugorzędną rolę w porównaniu z przynętą naturalną.

– *Mormyszka* to maleńka przynęta składająca się z prostego haczyka, na którego końcu umieszczono kroplę cyny lutowniczej, ołowiu lub wolframu. Ważniejsze mormyszki przeznaczone są na ryby spokojnego żeru. Mormyszkę o masie 0,2-2 g opuszcza się w miejsce żerowania ryb i wprawia w pionowe i poziome drgania drobnymi, szybkimi ruchami szczytówki wędziska. Do uzyskania prawidłowych drgań niezbędnym elementem wędki jest tzw. kiwok, czyli kilkucentymetrowy odcinek szczeciny dzika, paska z kliszy rentgenowskiej, stalowego drutu lub innego sprężystego materiału. Mor-

U góry: rys. 24
Typy mormyszek

U dołu: rys. 25
Haczyki owinięte nitkami z tworzywa sztucznego

myszka wywodzi się z Rosji i popularna jest zwłaszcza w połowach pod lodem, choć może być stosowana przez cały rok. Rzadko używa się jej jako samodzielnej przynęty – najczęściej na haczyk mormyszki zakładane są larwy ochotki.
– *Haczyk z gęstą szczecinką z tworzywa sztucznego.* Na kolanku i trzonku haczyka umieszczone są szczotkowate kolorowe włókna. Kształt tak przekonująco imituje larwę, że nie trzeba zakładać dodatkowej przynęty.
– Rozmaite *przynęty z miękkiego plastiku* – podawane na dnie – uznawane są za sztuczne przynęty gruntowe.

Pozostały sprzęt i akcesoria. Sprzęt wędkarski najwygodniej przenosić w plecaku lub torbie przewieszonej przez ramię, ponieważ jest wówczas łatwy dostęp do zgromadzonych w bagażu przedmiotów. *Plecak* lub *torba* powinny mieć duże rozmiary, gdyż na wyprawy wędkarskie zabiera się mnóstwo rzeczy. Liczne kieszenie i przegródki sprawiają, że przedmioty można w praktyczny sposób pogrupować. Nie ma nic gorszego niż chaos w plecaku, utrudniający znalezienie czegokolwiek. Cenny czas przeznaczony na łowienie ryb marnuje się wówczas na szukanie i niekończące się wywracanie wszystkiego do góry nogami. Do przechowywania przynęty oraz sprzętu i akcesoriów najlepiej użyć odpowiednich *pojemników*. Mogą to być pudełka, puszki lub inne szczelne i dość odporne na uszkodzenia opakowania.

> Dobrze dobrane akcesoria umieszczone w odpowiednich pojemnikach sprawiają, że wyprawa na ryby jest przyjemnością, a nie stresem.

Wędziska na ogół sprzedawane są w *futerałach*, jednak fabryczne opakowania nie zawsze są dobrej jakości. Futerał musi ochraniać wędkę. Powinien być wykonany z surowego płótna żeglarskiego, weluru lub mocnego lnu i mieć osobne przegródki dla każdej części wędziska, aby nie obijały się o siebie. Obszycie obu zakończeń miękką skórą wzmacnia te miejsca, w których futerał najczęściej się przeciera.

Do przechowywania wędziska bardzo wysokiej jakości, warto kupić futerał w kształcie rurki (tuby), wykonany z lekkiego metalu lub sztucznego tworzywa. Można też adaptować do tego celu rurki kanalizacyjne z PCW.

Holowanej zdobyczy – poza niewielkimi rybami – nie wyciąga się na brzeg wędką, tylko tzw. *podbierakiem.* W wędkarstwie gruntowym używa się podbieraków o średnicy ok. 50 cm, głębokości ok. 60–70 cm i długości uchwytu 1,2 m.

Do wyciągania na brzeg dużych okazów używa się również *osęka* (hak). Zastosowanie tego urządzenia budzi jednak wątpliwości etyczne,

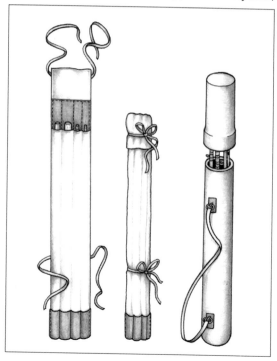

Rys. 26
Futerały na wędki

*Rys. 27
Podbieraki:
a) składany;
b) osęka;
c) do połowów pod-
czas brodzenia
w wodzie*

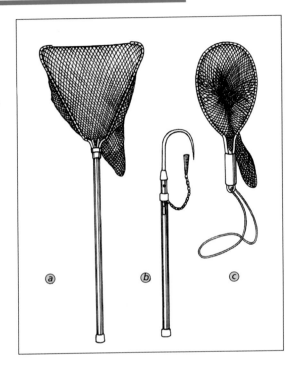

Uwaga! W wodach administro-
wanych przez Polski Związek
Wędkarski wolno używać tylko
siatek z miękkich materiałów.

ponieważ wyciągana w ten sposób ryba zwykle doznaje poważ-
nych obrażeń. Wyciąganie ryby
osęką należy uznać za dopusz-
czalne jedynie w szczególnych
przypadkach.

Złowionych ryb nie pozbawia się życia od razu,
lecz przetrzymuje żywe w *siatce* zanurzonej w wodzie. Zgodnie z ustawą o rybactwie śródlądowym
siatki mogą być wykonane z rozmaitych materiałów, także z drutu. Dla ryb przebywanie w siatce
jest tym mniej uciążliwe, im głębiej jest ona zanurzona w wodzie oraz im większa jest jej średnica
i długość. Warto pamiętać, że przepisy o ochronie

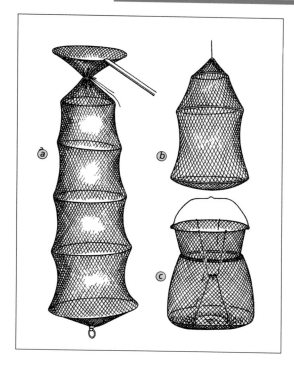

Rys. 28
Siatki:
a) i b) z włókien;
c) z drutu

przyrody nie wszędzie dopuszczają używanie siatek.

Do wyposażenia wędkarza należą takie akcesoria, jak: *gruntomierz*, służący do badania głębokości wody, *wypychacz* używany do ostrożnego usuwania głęboko tkwiącego haczyka (lepszy do tego celu jest zacisk chirurgiczny), igła do nawlekania przynęty, *stopery żyłki, krętliki* i *agrafki*.

Każdy wędkarz powinien też mieć przy sobie kieszonkowy nóż, długie szczypce, kilka metrów mocnej linki oraz dobrze przemyślany zestaw zapasowych haczyków, ciężarków, spławików i żyłek. Nie trzeba chyba dodawać, że na wyprawę

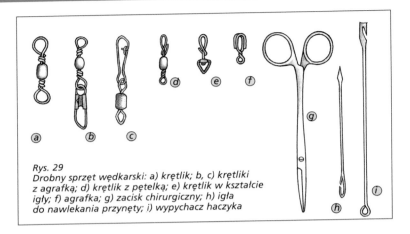

Rys. 29
Drobny sprzęt wędkarski: a) krętlik; b, c) krętliki
z agrafką; d) krętlik z pętelką; e) krętlik w kształcie
igły; f) agrafka; g) zacisk chirurgiczny; h) igła
do nawlekania przynęty; i) wypychacz haczyka

wędkarską konieczne jest specjalne ubranie,
w tym chroniące od deszczu.

Montowanie sprzętu

Sprzęt do wędkarstwa gruntowego trzeba do-
bierać w zależności od rodzaju ryb, jakie spodziewamy się złowić. Poszczególne elementy muszą
być odpowiednio dopasowane, następnie facho-
wo połączone. W przeciwnym razie trudno ocze-
kiwać sukcesów podczas połowu.

Pominąwszy sprzęt stosowany w wędkarstwie
wyczynowym, wyróżnia się:

(1) Lekki sprzęt do połowu gruntowego

Wędzisko: lekkie wędzisko długości 4–6 m
z miękkim szczytem, najczęściej bez przelotek;
można też stosować wędziska z przelotkami

Kołowrotek: stosowany jedynie
na wędce z przelotkami; najlepszy jest lekki kołowrotek ze stałą
szpulą

Linka: żyłka o średnicy 0,15–0,20
mm i wytrzymałości 1,5–3,0 kg

> Najlepszy sprzęt wędkarski
> zawodzi, jeżeli jego elementy
> nie są zharmonizowane.

Spławik: lekki, stały o wyporności około 2 g (na przykład ze stosiny pióra lub kolca jeżozwierza)
Ciężarek: śrucina zaciskowa lub ciężarek torpillo
Przypon: żyłka o długości 30–50 cm, 0,02–0,05 mm cieńsza od żyłki głównej
Haczyk: włoski, limerick, cienki, wielkości 14–18 z łopatką
Uwaga: Jeżeli łowimy wędką z przelotkami i kołowrotkiem, należy zwrócić uwagę, by przelotki były możliwie duże, inaczej mokra żyłka „przykleja" się do wędziska między przelotkami. Podczas połowu na większych głębokościach można użyć lekkiego spławika przelotowego.
Linka z przyponem na wędce bez przelotek powinna być o 30–50 cm krótsza od wędziska.

(2) Sprzęt wędkarski średnio ciężki
Wędzisko: wędzisko z przelotkami długości 3–6 m, puste w środku, z nieco mocniejszą szczytówką
Kołowrotek: średnio ciężki kołowrotek o szpuli stałej
Linka: żyłka średnicy 0,20–0,28 i wytrzymałości 2,5–5,0 kg
Spławik: wąski stały spławik lub odpowiedni przelotowy o wyporności do 5 g; wariant: spławik gruntowy z żyłką przebiegającą na zewnątrz lub montowany na ramieniu bocznym
Przypon: żyłka o długości 50–80 cm, o 0,02–0,05 mm cieńsza od żyłki głównej
Haczyk: włoski, limerick z ramieniem średniej długości, wielkości 8–12

(3) Ciężki sprzęt do połowu gruntowego
Wędzisko: mocne wędzisko długości 3–6 m o masie wyrzutowej dostosowanej do używanego obciążenia
Kołowrotek: kołowrotek o stałej szpuli średnio ciężki lub ciężki
Linka: żyłka średnicy 0,30–0,40 mm i wytrzymało-

ści ponad 5,0 kg; szpula wypełniona żyłką o długości co najmniej 100–150 m

Spławik: spławik o wyporności powyżej 15 g; wariant: bez spławika

Ciężarek: śrucina zaciskowa, kulka ołowiana z otworem lub ciężarek w kształcie oliwki, również możliwe kombinacje; wariant: ciężarek gruntowy z linką biegnącą na zewnątrz lub przymocowany do ramienia bocznego

Przypon: żyłka o długości 60–100 cm 0,05 mm cieńsza od żyłki głównej; wariant: bez przyponu, żyłka główna przebiega aż do haczyka

Haczyk: mocny haczyk z drutu lub stali wielkości 3/0-6 z łopatką lub oczkiem

(4) Połów na martwą rybkę
Wędka, kołowrotek, linka: jak w punkcie 3.

Spławik: mocny spławik o wyporności około 15–20 g, w zależności od rodzaju wody stały lub przelotowy

Ciężarek: kulka ołowiana lub w kształcie oliwki; masa ciężarka powinna być tak dobrana, aby przynęta utrzymywała się na żądanej głębokości i nie wypływała

Przypon: żyłka o długości 50–80 cm i grubości takiej samej jak żyłka główna, w szczególnych przypadkach najwyżej 0,10 mm grubsza (jeżeli jest dużo przeszkód w wodzie lub zasiedlają ją silne ryby); przypon i żyłkę główną połączyć krętlikiem. Jeśli celem połowów są szczupaki, konieczne jest zastosowanie przyponów wolframowych lub stalowych.

Haczyk: haczyk pojedynczy lub kotwiczka wielkości 2/0–4

Uwaga: Przynętę z martwej ryby lub kawałków rybiego mięsa można układać na dnie, przytrzymując ciężarkiem gruntowym; wówczas nie jest konieczne użycie spławika.

(5) Połów pod lodem na mormyszkę
Wędzisko: kij o długości 40–50 cm z bardzo wrażliwą szczytówką, zaopatrzony w kiwok

Kołowrotek: możliwie mały, o szpuli stałej lub ruchomej

Linka: żyłka o średnicy 0,08–0,12 mm i wytrzymałości 0,6–1,0 kg

Haczyk: bardzo ostre cienkie haczyki o wielkości 12–18; mormyszkę należy umocować na haczyku w ten sposób, aby grot mocno wystawał

Uwaga: W tym zestawie nie używa się spławika, ciężarka i przyponu, żyłka przebiega bezpośrednio do przynęty.

Przedstawione sposoby montowania sprzętu mogą, a nawet muszą być modyfikowane w zależności od rodzaju łowionych ryb, warunków panujących na danym akwenie, jak również od subiektywnego nastawienia wędkarza. Początkujący wędkarz na pierwszy rzut oka na ogół nie do-

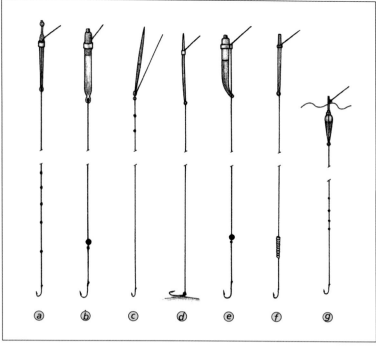

Rys. 30
Zestawy spławikowe do połowu gruntowego: a) z typowym spławikiem; b) na głębokie wody o silnym prądzie; c) do połowu ostrożnie biorących ryb w spokojnej wodzie; d) na płotki; e) ze spławikiem przelotowym na głębokie wody; f) z obciążeniem z drutu ołowianego na przynętę z konopi i pszenicy; g) ze spławikiem na wysoką falę

55

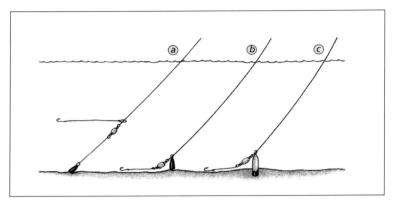

*Rys. 31
Zestawy z ciężar-
kiem gruntowym
bez spławika:
a) na ramieniu
końcowym („pater-
noster"); b) na żyłce
głównej; c) z ciężar-
kiem korowym
na muliste dno*

strzega wszystkich różnic między poszczególnymi zestawami. Mają one jednak duże znaczenie dla efektu połowu (por. rys. 30 i 31).

Poszczególne elementy zestawu łączymy za pomocą węzłów i pętli. Początkujący wędkarze trochę się ich obawiają, zupełnie jednak niepotrzebnie (rys. 32).

Podane informacje nie wyczerpują tematu takiego montowania sprzętu wędkarskiego, które zapewniałoby skuteczny połów. Są to jedynie ogólne wskazówki. Każdy wędkarz w miarę zdobywanego doświadczenia wypracowuje własny styl, tak długo eksperymentując, aż znajdzie najbardziej skuteczne sposoby. Nadmiarem dobrych rad nikomu nie należy odbierać szansy na dokonywanie własnych odkryć i tworzenie zestawów zapewniających znakomite połowy.

Technika rzutu w wędkarstwie gruntowym
Wędkę należy zarzucić możliwie jak najciszej i celnie. Jeżeli zestaw wpadnie do wody z głośnym pluskiem, na pewno przynajmniej na parę chwil wypłoszy ryby z tego miejsca. Podobny skutek osiągnie wędkarz, który kilkakrotnie chybi celu, raz czy drugi zaplącze żyłkę w gałęziach

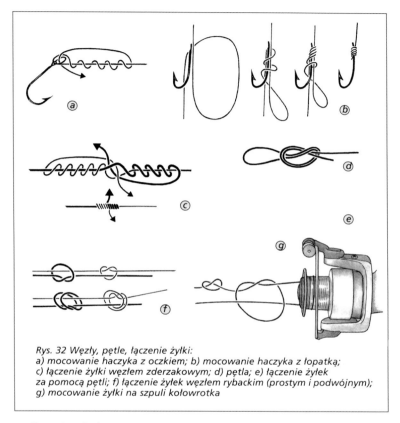

Rys. 32 Węzły, pętle, łączenie żyłki:
a) mocowanie haczyka z oczkiem; b) mocowanie haczyka z łopatką;
c) łączenie żyłki węzłem zderzakowym; d) pętla; e) łączenie żyłek
za pomocą pętli; f) łączenie żyłek węzłem rybackim (prostym i podwójnym);
g) mocowanie żyłki na szpuli kołowrotka

nadbrzeżnych drzew, zanim wreszcie trafi w wolne miejsce między liśćmi wodnych lilii.

Każdy początkujący wędkarz powinien zatem pilnie ćwiczyć zarzucanie wędki. Jeżeli nauczymy się rzutów wędką gruntową w różnych warunkach – przy przeciwnym lub bocznym wietrze, w wąskich prześwitach między nadbrzeżnymi krzewami lub pod nisko zwisającymi gałęziami drzew – nie tylko będziemy mogli bez stresu cieszyć się wędkowaniem, ale również stworzymy sobie podstawy do późniejszego posługiwania się wędką spinningową.

Rzut spod ręki. Wykonywany jest w przypadku posługiwania się wędką bez kołowrotka.

Pozycja wyjściowa: Ręką wykonującą rzut (w tym przypadku jest to prawa ręka) trzymamy wędkę uniesioną prawie pionowo w górę (przywodząc w pamięci tarczę zegara, ustawienie mniej więcej na godzinę 11:00). Palcem wskazującym i kciukiem lewej ręki przytrzymujemy zestaw w miejscu połączenia przyponu z żyłką główną lub umocowania śrucin.

Kolejność ruchu: Wędzisko lekko opuszczamy do pozycji na godzinę 10:00 i zatrzymujemy, podczas gdy lewą ręką puszczamy wolno żyłkę, spławik, ciężarek i haczyk, które opadają wahadłowym ruchem w przód. Zanim zestaw znajdzie się w linii prostej pod wędziskiem, ręką wykonującą rzut energicznie, lecz nie szarpnięciem, przesuwamy wędzisko do pozycji na godzinę 10:30. Żyłka wychyli się wówczas do przodu, daleko poza koniec wędziska. Gdy haczyk znajdzie się blisko celu, opuszczamy wędzisko do pozycji na godzinę 9:00. Trzeba wyćwiczyć tempo opuszczania wędziska, które musi być tak obliczone, aby lekko hamowało ruch zestawu w kierunku celu.

Jeżeli wędzisko zostanie opuszczone szybciej niż pozwala na to swobodna siła opadania zestawu, wówczas ciężarek i spławik „wyprzedzą" lżejszy przypon, splączą się i z pluskiem wpadną do wody. Zarzucony prawidłowo zestaw powinien wytworzyć jedynie niewielkie kółko na wodzie. Dopóki słychać, jak zestaw wpada do wody, dopóty trzeba ćwiczyć zanurzanie wędki.

Wykonywanie miękkich i pewnych rzutów wędziskiem z przelotkami i kołowrotkiem nie jest trudne dla osób, które opanowały rzut wahadło-

> Istotna nie jest tylko odległość rzutu wędką; ważne jest również, aby rzucać celnie i cicho.

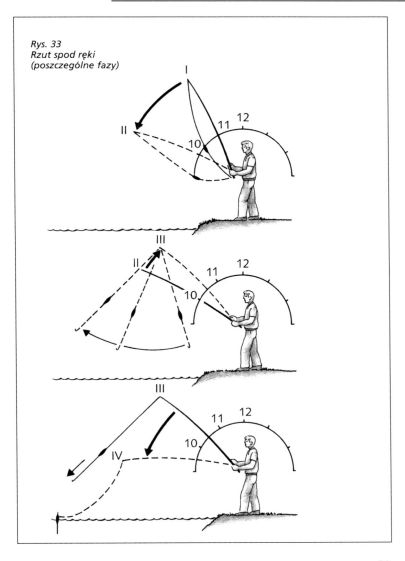

Rys. 33
Rzut spod ręki
(poszczególne fazy)

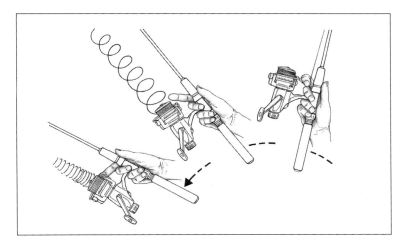

wy i rzut po łuku. Określenie „miękkie rzuty" należy rozumieć dosłownie, ponieważ większość przynęt do połowu gruntowego nie tkwi zbyt mocno na haczyku. Wystarczy nieco gwałtowniejszy rzut, a przynęta spadnie lub się obluzuje. Opisane poniżej rzuty wykonuje się wędką z kołowrotkiem o szpuli stałej. Po krótkim treningu również początkujący dobrze sobie z tym radzą.

Rys. 34
Rzut kołowrotkiem
o stałej szpuli

Po lewej:
Dwukilogramowa
brzana zwykle
wytrwale walczy

Rzut wahadłowy. Można go wykonywać każdym rodzajem wędziska jedną lub obiema rękami. Wybór zależy przede wszystkim od siły mięśni. Na początku warto jednak zrezygnować ze sprawdzania swojej tężyzny i wykonać rzut obiema rękami. Zyska na tym precyzja rzutu.

Pozycja wyjściowa: Wędzisko trzymamy z boku ukośnie ku górze; przed przelotką szczytową znajduje się żyłka o długości równej długości wędki wraz ze spławikiem, ciężarkiem, przyponem i haczykiem. Palcem wskazującym lewej dłoni przy otwartym kabłąku hamujemy żyłkę prowadzącą od kołowrotka do pierwszej przelotki.

61

*Rys. 35
Rzut wahadłowy
(ilustracja zasady):
a) Przez poruszanie
wędziska w przód
i w tył zestaw znaj-
dujący się przed
przelotką szczytową
wprawiany jest
w coraz mocniejszy
ruch wahadłowy;
b) gdy zestaw wy-
chyli się dalej do
przodu, puszczamy
żyłkę*

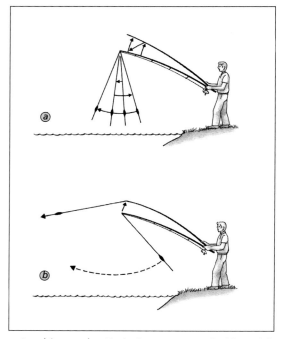

Przebieg ruchu: Zwisającą ze szczytówki wędziska żyłkę wraz z całym zestawem wprawiamy
w ruch wahadłowy do przodu. Po dwóch, trzech
wychyleniach, gdy zestaw znajdzie się w pozycji
najbardziej wysuniętej do tyłu, bierzemy mocny,
ale nie gwałtowny zamach w przód. Gdy żyłka
osiągnie ekstremalne wychylenie, palcem wskazującym prawej ręki zwalniamy linkę na kołowrotku.
Jednocześnie wędzisko ustawiamy w kierunku
rzutu, aby żyłka mogła jak najswobodniej przebie-
gać z kołowrotka przez przelotki.

Rzut po łuku. Stosowany jest wówczas, gdy rzu-
tem wahadłowym trudno trafić w bardziej odda-
lony cel.

Rys. 36
Rzut po łuku
(ilustracja zasady)

Zaleta tego rodzaju rzutu polega na tym, że między poszczególnymi fazami w zasadzie nie ma przerw, a tempo od początku do końca równomiernie rośnie. Mimo iż rzut jest energiczny, nie grozi zsunięciem się nawet miękkiej i wrażliwej przynęty.

Pozycja wyjściowa: Wędkę trzymamy lekko wychyloną w prawo na zewnątrz i ustawioną na godzinę 11:00. Żyłka, spławik, ciężarek i haczyk zwisają pionowo na dwie trzecie długości wędki.

Kolejność ruchu: Zestaw lekko wychylamy do przodu, następnie wędkę zamaszyście odciągamy do tyłu do położenia na godzinę 13:00. Żyłka przefruwa bokiem w tył z prawej strony wędkarza. Zanim osiągnie największe wychylenie, silnie wymachujemy wędką po łuku w przód, aż osiągnie położenie na godzinie 10:00, a następnie zwalniamy żyłkę.

Decydujące znaczenie w tym rodzaju rzutu ma ciągłość cofania i wymachu wędką do przodu oraz utrzymanie toru ruchu po łuku. Dobrze, jeżeli środek ciężkości zestawu znajduje się możliwie blisko haczyka, dlatego też zawsze należy używać spławika przelotowego. Początkującym trudność sprawia uchwycenie odpowiedniego momentu puszczenia żyłki. Jeżeli zrobimy to zbyt wcześnie, tor rzutu gwałtownie się wzniesie i zestaw wpadnie do wody z głośnym pluskiem. Po uwolnieniu żyłki zestaw musi polecieć płasko i miękko opaść do wody.

Wybrane przez wędkarza miejsce nie jest zbyt bezpieczne, ponadto jest on doskonale widoczny.

Taktyka połowu gruntowego

W kolejnych rozdziałach omówione zostaną najważniejsze zagadnienia dotyczące taktyki połowu, jakie wędkarz koniecznie musi poznać i opanować.

Podstawowe zagadnienia dotyczące taktyki połowu

Podstawą udanej wyprawy na ryby – oprócz właściwego skompletowania sprzętu – *jest wybór i przygotowanie miejsca połowu.*

Taktyczna koncepcja połowu zależy od zachowania i sposobu żerowania ryb.

Wybór miejsca połowu. Początkujący wędkarz przede wszystkim musi się nauczyć (co jest trudne i wymaga czasu), jakie gatunki ryb w jakich warunkach

i miejscach żerują. Wiedza teoretyczna dotycząca stanowisk i sposobu zdobywania pożywienia przez te zwierzęta często nie wystarczy (por. s. 155 i dalsze). Do wyboru właściwego miejsca połowu konieczne jest duże doświadczenie i wyczucie.

Mocny pomost wędkarski w pasie przybrzeżnej trzciny to najlepsze miejsce połowu płochliwych ryb.

Niestety, nowicjusze często wybierają miejsca, w których wyraźnie widać ślady wcześniejszej obecności innych wędkarzy. Zatrzymują się tu, wierząc, że poprzednik z pewnością „swoje wiedział". Każdy, kto łowi tam, gdzie wszyscy, popełnia błąd. Warto przebrnąć przez gąszcz krzewów czy pokrzyw, zejść po stromym zboczu lub obejść przybrzeżne bagniska – naturalnie zawsze zachowując należytą ostrożność – by w końcu znaleźć nowe, być może szczęśliwe stanowisko. Ryby, kierując się instynktem samozachowawczym, najczęściej przebywają w spokojnych, obfitujących w kryjówki częściach zbiornika wodnego. Zazwyczaj są to miejsca trudno dostępne dla wędkarza. Kto jednak nie szczędzi wysiłku, by tam dotrzeć, ma nieporównanie większe szanse złowienia ciekawych okazów.

W odróżnieniu od szczupaka i pstrąga potokowego, związanych z określonym stanowiskiem, większość gatunków ryb interesujących wędkarza gruntowego żyje w stadach. Nie mają one rewiru, w którym najchętniej przebywają, lecz wędrując w górę i w dół rzeki, są coraz bliżej głównego nurtu lub tuż przy brzegu. W zależności od pory dnia, oświetlenia, pogody, stanu wody, prądu i ilości pożywienia wybierają najlepsze miejsca.

> Skuteczny połów rozpoczyna się od starannej obserwacji i wyboru miejsca.

Przygotowanie miejsca połowu. Czynność ta polega głównie na rzuceniu rybom odpowiedniej zanęty. Niektóre gatunki ryb, zwłaszcza z rodziny karpiowatych, można zgromadzić w jednym miejscu, podając im odpowiednie pożywienie. Dobre rezultaty daje dokarmianie ryb w dwóch, trzech miejscach przez kilka kolejnych dni. Nie należy ryb przekarmiać, gdyż niezjedzona karma łatwo się psuje i zanieczyszcza wodę. Ryby unikają takich miejsc. Zwykle wystarczy pięć, sześć rozgniecionych ziemniaków lub trzy do czterech garści gotowanego grochu, łubinu, kukurydzy lub pszenicy dziennie. Jeżeli prąd jest silniejszy, wówczas zanętę wgniatamy w bryłkę gliny wielkości pięści, formując kulę, którą umieszczamy w wodzie w wybranym miejscu. Woda powoli wypłukuje glinę, uwalniając zanętę. Zabieg powtarzamy codziennie o tej samej porze, gdyż ryby, kierując się „wewnętrznym zegarem", już po kilku razach będą czekały na swoją porcję jedzenia. Na dokarmianie ryb najlepiej wybrać początek lub koniec dnia, kiedy jest mniej światła, gdyż ryby mają wówczas największą ochotę na żerowanie.

Jeżeli, jak to zwykle bywa, nie mamy możliwości podawania zanęty na kilka dni przed połowem, zróbmy to zaraz po przyjściu na miejsce. Należy pamiętać, aby nie wrzucać zbyt dużo pożywienia, gdyż zamierzamy ryby zwabić, a nie nakarmić! Syte nie będą się interesowały przynętą na haczyku.

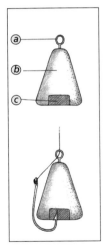

Rys. 37
Gruntomierz i jego
zamocowanie:
a) uchwyt; b) oło-
wiany korpus;
c) pasek z korka

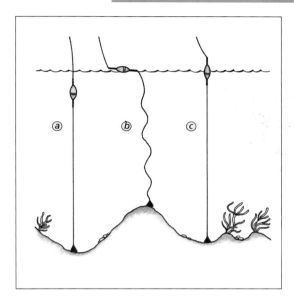

Rys. 38
Sondowanie
głębokości wody:
spławik
za głęboko (a),
za płytko (b);
prawidłowo
zamocowany (c)

Podczas łowienia też wrzucamy niewielkie ilości zanęty, aby przytrzymać ryby w wybranym miejscu.
Badanie dna: Przygotowanie miejsca połowu należy zacząć od określenia głębokości wody i rodzaju dna. Służy do tego gruntomierz, czyli specjalny ołowiany ciężarek z uchwytem u góry i kawałkiem korka u podstawy. Przyczepionym do haczyka gruntomierzem można sondować dno i mierzyć głębokość wody na obszarze dwóch do trzech metrów.

Na rysunku 38 przedstawiono metodę pomiaru głębokości wody. Do określenia rodzaju dna potrzebne jest pewne wyczucie i doświadczenie. Najlepiej ostrożnie ciągnąć gruntomierz po dnie. Jeżeli ciężarek przesuwa się bez przeszkód, dno jest zwykle twarde, a gdy napotyka lekki opór – miękkie lub muliste. Aby sprawdzić, czy dno porastają rośliny należy najpierw opuścić ciężarek, a następnie unieść na wysokość mniej więcej 10 cm i pociągnąć.

Podczas brania rzadko zbyt późno wykonuje się zacięcie. Zwykle następuje ono o wiele za wcześnie!

Kciukiem i palcem wskazującym wędkarz wyczuwa najlżejsze drgnięcie lekko naciągniętej przez ciężarek gruntowy żyłki.

Po drodze gruntomierz zaczepi o rośliny, co łatwo zauważyć po wyraźnie wyczuwalnym oporze lub gwałtownym zatrzymaniu ciężarka. **Branie.** W języku wędkarskim mówi się, że ryba bierze, gdy zwierzę łapie podawaną przynętę. Jedynie drapieżniki chwytają przynętę zębami, zwykle nie rozgryzają jej jednak, lecz połykają w całości. Większość ryb wsysa pożywienie do jamy gębowej wraz z wodą, która następnie wypływa przez skrzela. Zanim ryba zdecyduje się na pochłonięcie smakowitego kąska zwykle „skubie" przynętę, aby sprawdzić, czy jest jadalna.

Niełatwo określić moment, w którym zaczepiona na haczyku przynęta w całości znajdzie się w pysku ryby. Od cierpliwości, wyczucia i doświadczenia wędkarza zależy skuteczne zacięcie.

Zacięcie. Zacięcie polega na wykonaniu odpowiednio silnego szarpnięcia szczytówką wędki, aby haczyk utkwił w pysku ryby.

Z moich obserwacji wynika, że zacięcie rzadko wykonywane jest za późno. Zwykle następuje ono zbyt szybko. Zdarza się to zwłaszcza początkującym wędkarzom, których ponoszą nerwy, gdy tylko spławik zaczyna się ruszać. Za szybkie wykonanie zacięcia powoduje zabranie przynęty sprzed pyska lub wyciągnięcie jej spomiędzy szczęk i zwykle płoszy rybę. Poza tym ryba – często również całe stado – otrzymuje sygnał ostrzegawczy, który zapamiętuje przez wiele godzin, a nawet dni. Kto zbyt wcześnie wykonuje zacięcie, „sam uczy ryby ostrożności".

Za późne zacięcie właściwie występuje tylko wówczas, gdy ryba – obojętnie z jakiego powodu – ponownie wypluje przynętę. W takim przypadku bez obawy ponowi próbę jej podjęcia.

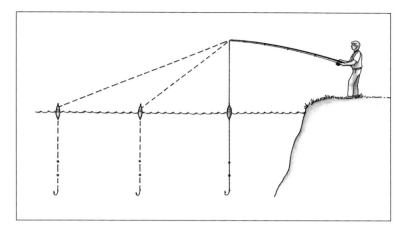

Odpowiednie dostosowanie *siły zacięcia* wymaga pewnego doświadczenia. Można je zdobyć jedynie w praktyce.

Należy unikać wyjątkowo gwałtownego szarpnięcia, gdyż albo zerwiemy przypon, albo złamiemy haczyk, albo też z brutalną siłą wyciągniemy rybę na ląd, co jest sprzeczne z etyką wędkarską. Ogólna *zasada* jest następująca: im więcej żyłki znajduje się między wędkarzem a rybą, tym silniejsze musi być zacięcie. Trzeba pokonać siłę bezwładności zestawu i zrównoważyć utratę energii spowodowaną rozciągliwością żyłki. Na rysunku 39 przedstawiono osłabienie siły zacięcia przez działanie kąta rozwartego, pod jakim ustawiona jest żyłka.

Rys. 39
Wielkość kąta rozwartego ma istotne znaczenie dla siły zacięcia: im dalej od wędkarza znajduje się zestaw, tym silniejsze musi być zacięcie

Holowanie. Holowanie zaczyna się, gdy wykonamy skuteczne zacięcie, a kończy wraz z wyciągnięciem ryby na brzeg lub odczepieniem jej w wodzie przez wędkarza.

Z pewnością należy do najbardziej emocjonujących etapów połowu. Zadaniem holowania jest zmęczenie ryby i przygotowanie jej do wyciągnięcia

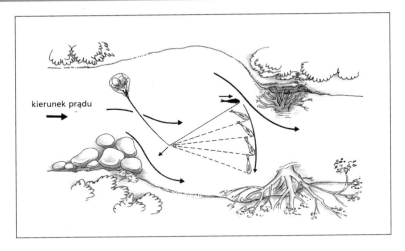

kierunek prądu

Rys. 40
Holowanie na wą-
skim obszarze
(po okręgu)

z wody. Doświadczeni wędkarze wiedzą, że nawet za pomocą najmniejszych haczyków i najcieńszej żyłki można holować wspaniałe okazy.

Podczas holowania ryby trzeba pamiętać o prostej zasadzie, że każda *akcja wywołuje reakcję.* Jeżeli wędkarz zbyt mocno będzie ciągnął złapaną rybę, zwierzę stawi mu odpowiednio silny opór. Ostrożne holowanie, podczas którego wędkarz bierze pod uwagę również rozciągliwość żyłki i giętkość wędki, jest chyba najważniejszym warunkiem powodzenia na tym etapie wędkowania.

Im dłużej i delikatniej holujemy rybę, tym mniejszą ma ona szansę na przeżycie w przypadku odzyskania wolności.

Ryba, która złapała haczyk, próbuje uciec z groźnego obszaru, starając się jak najdalej odpłynąć. Silniejsze ryby w dużych zbiornikach wodnych nierzadko przepływają w ten sposób około 30–40 m. Podczas ucieczki tracą dużo siły. Ważne, aby w każdej fazie holowania z wyczuciem napięta żyłka skutecznie hamowała ruch ryby.

W przypadku zastosowania wędki z *kołowrot-*

kiem należy precyzyjnie ustawić hamulec. Jest on dobrze ustawiony wówczas, gdy ręką można ściągać żyłkę z kołowrotka bez obawy jej zerwania. Jednocześnie hamulec nie może być zbyt luźny, gdyż wędkarzowi nie uda się opanować większej ryby.

Jeżeli łowimy *bez kołowrotka*, obszar działania wędkarza jest ograniczony przez długość żyłki. Na wąskich rzekach o gładkich, nie porośniętych brzegach lub na mniejszych stawach czy sadzawkach można ewentualnie podążać za uciekającą rybą, przytrzymując ją i uniemożliwiając dalszą ucieczkę. Jeżeli nie jest to możliwe, trzeba próbować holowania w miejscu, chociaż w przypadku większych okazów istnieje duże ryzyko ich utraty.

Należy pamiętać, że podczas holowania wędzisko powinno być zwrócone w stronę ryby.

W przypadku holowania na niewielkiej przestrzeni, zwłaszcza na wąskich rzekach, i za pomocą krótkiej żyłki wędzisko należy wychylić w bok, aby linka nie ciągnęła ryby prosto od tyłu, lecz ukośnie (rys. 40). Powoduje to zmianę kierunku ucieczki. Kąt działania żyłki zwiększa się przy tym coraz bardziej na niekorzyść ryby, która zacznie zawracać, zanim sprzęt osiągnie granicę wytrzymałości. Jeżeli uniemożliwimy rybie szybki ruch do przodu i zmusimy ją do płynięcia w bok, szybko straci siły.

Wyciąganie z wody. Wyciągnięcie ryby z wody stanowi ostatni etap połowu. Ważne jest, aby wyciąganie rozpocząć wówczas, gdy ryba jest już naprawdę zmęczona, i leżąc na boku, bez oporu poddaje się lekkiemu pociągnięciu żyłki. Wędkarz jednak nadal musi mieć się na baczności, ponieważ ryba tuż przed umieszczeniem jej w podbieraku może ponownie podjąć próbę ucieczki. W razie wątpliwości lepiej dłużej prowadzić holowanie, niż zbyt wcześnie przystąpić do wyciągania.

Po lewej: Ostrożne wyciąganie podbierakiem również mniejszych ryb świadczy o wysokiej kulturze wędkarskiej.

Po prawej: Ta średnich rozmiarów wzdręga została złowiona na larwy chruścika w jeziorze w Ukkermark.

Zanim rybę wyciągniemy podbierakiem, musimy zanurzyć siatkę w wodzie, aby dobrze nasiąkła i nie wypływała na powierzchnię. Można w kilku miejscach przymocować do niej śruciny zaciskowe, aby łatwiej utrzymać ją pod wodą.

Lekkim pociągnięciem żyłki podprowadzamy rybę nad otwór znajdującego się w wodzie podbieraka, a następnie wyciągamy. Wśród wędkarzy nie ma zgodności co do tego, czy rybę wprowadzamy do podbieraka ogonem czy łbem. Znacznie łatwiej udaje się to w wodzie wolno płynącej, o słabym prądzie. Podbierak trzymamy poniżej ryby znajdującej się w wodzie z głową skierowaną pod prąd i lekko zwalniamy żyłkę. Prąd znosi rybę ogonem do przodu prosto do podbieraka. W przypadku wprowadzania ryby głową do przodu istnieje ryzyko, że ewentualnie wystające haczyki – na przykład w przypadku połowu spinningowego lub w razie złowienia ryby drapieżnej – zaplączą się w siatkę podbieraka, co zwykle powoduje utratę ryby. Tylko węgorz połyka haczyk bardzo głęboko, co wyklucza ryzyko.

Postępowanie ze złowioną rybą. Nie jest to problem taktyki wędkarskiej, lecz sprawa osobistej postawy wędkarza i jego wrażliwości.

Ryby niewymiarowe lub okazy gatunków chronionych należy bardzo ostrożnie uwolnić z haczyka i z powrotem włożyć do wody. Lepiej usuwać haczyk pod wodą, co wprawdzie wymaga pewnej wprawy, lecz jest znacznie mniej szkodliwe dla ryby. Jeżeli nie można tego zrobić, należy trzymać rybę mokrą dłonią, aby zbytnio nie uszkodzić niezbędnej do życia warstwy śluzu pokrywającego jej ciało. Szczególnie ważne jest, aby jak najostrożniej

Zmęczoną holowaniem rybę przed wypuszczeniem trzymamy głową w kierunku prądu, aż sama odpłynie.

73

usuwać głębiej tkwiący haczyk, posługując się przy tym odpowiednim narzędziem. Haczyk należy odciąć najkrócej, jak to możliwe, i pozwolić rybie odpłynąć. Z badań naukowych wynika, że w ciągu kilku dni ryba sama pozbywa się tkwiących w jej ciele – nawet w niebezpiecznych miejscach – haczyków wędkarskich. Węgorze potrafią przeżyć z haczykiem tkwiącym nawet w żołądku.

Ryby, które zamierzamy zabrać ze sobą, należy trzymać w siatce, najlepiej w zacienionym miejscu lub natychmiast po złowieniu w możliwie najbardziej humanitarny sposób pozbawić życia i zapakować. Trzeba pamiętać o kontrowersyjnych opiniach dotyczących używania siatki.

Każdy, kto złowione żywe istoty rzuca w trawę na brzegu i skazuje na powolną śmierć lub pozostawia je na tafli lodu, aby zamarzły, co czasami robią wędkarze łowiący pod lodem, nie tylko dopuszcza się przestępstwa dręczenia zwierząt, lecz również traci moralne prawo do uprawiania wędkarstwa.

Ryby przeznaczone do konsumpcji zabijamy silnym uderzeniem twardym przedmiotem w nasadę łba.

W wysokiej temperaturze martwe ryby w krótkim czasie zaczynają się psuć, dlatego latem powinno się je na miejscu połowu *wypatroszyć* i wytrzeć do sucha papierem. W żadnym wypadku nie należy ryb myć w jeziorze czy rzece, gdyż nieuzdatniona woda z naturalnego zbiornika przyspiesza procesy gnicia. Zawinięte luźno w lnianą ściereczkę z reguły bez problemu przetrwają do dalszej obróbki.

Połów płoci

W Polsce niezbyt ceniona, często ironicznie nazywana rybą dla początkujących, płotka zupełnie inaczej traktowana jest w Anglii. Istnieją tam nawet liczne „kluby", w których entuzjaści płoci niemal naukowo zajmują się tylko tym gatunkiem.

Płocie występujące prawie we wszystkich zbiornikach wodnych, bierą przez cały rok i to nie tylko – jak wiele innych gatunków – rano lub wieczorem, lecz również w ciągu dnia. Trzeba jedynie wiedzieć, gdzie znajdują się ostoje tych ryb. Późną wiosną i latem przebywają one w najbogatszych w tlen częściach zbiornika, głównie między roślinami wodnymi, w dołach w okolicach jazu i w ujściach szybszych prądów.

Wieczorem płotki unikają miejsc gęściej porośniętych, gdzie prąd wody jest słabszy, i przenoszą się na odcinki bez roślin, które w ciemności produkują znaczne ilości dwutlenku węgla.

Na kukurydzę w zestawie do połowu gruntowego łapią się piękne okazy płoci w rzece Neckar pod Ilvesheim.

W mocniej porośniętych dołach obok jazów, w szybszym prądzie ryby pozostają również na noc. Tu produkowany przez rośliny dwutlenek węgla nie przeszkadza im, gdyż prąd powoduje mieszanie wody.

Jesienią i zimą płotki przenoszą się na głębsze wody. W wodach bieżących z powodu rosnącego prądu wody unikają swych letnich stanowisk w dołach obok jazów. W tych okresach trzeba ich szukać w spokojniejszych miejscach, zwłaszcza w głębokich basenach w pobliżu ostróg i na skraju głównego nurtu. Płotki pobierają również pokarm roślinny, dlatego zimą można je spotkać również tam, gdzie latem rosły lilie wodne, tatarak i inne wodne rośliny, gdyż ryby szukają powoli rozkładających się ich resztek.

> Błyskawiczne branie płoci wymaga wyjątkowo czułego zestawu do wędkowania.

Pod koniec zimy, u progu przedwiośnia, płotki, podobnie jak krąpie i leszcze, na kilka tygodni przed właściwym okresem tarła wyruszają na dalekie wędrówki. Grupują się w uchodzących do zbiornika kanałach, rowach prowadzących do tarlisk.

Do połowu płoci używa się *lekkiej wędki gruntowej* o sprężystej i czułej szczytówce, warunkującej wykonanie błyskawicznego i delikatnego zacięcia. Zestaw składa się z żyłki o grubości 0,15–0,18 mm, przyponu o grubości 0,10–0,15 mm, cienkiego haczyka nr 14–18 i dobrze wyważonego wąskiego spławika. Spławik musi być tak obciążony, aby nawet lekkie branie było dobrze wyczuwalne. W tym celu do przyponu około 5–6 cm nad haczykiem mocujemy małą śrucinę. Dzięki niej nawet najniższa część przyponu jest naciągnięta, tak że najdrobniejsze poruszenie przynęty przenoszone jest na spławik.

Podczas połowu płoci konieczne jest umiarkowane *stosowanie zanęty*. Ze zwilżonej wodą tartej bułki zagniatamy miękkie, papkowate ciasto. Na haczyk nadziewamy kuleczki wielkości orzecha laskowego i ostrożnie opuszczamy nieco powyżej łowiska. Gdy kulka opadnie na dno, wykonujemy mocniejsze szarpnięcie, aby haczyk wysunął się z ciasta. (Wystarczy od 2 do 4 kulek).

Przynęta powinna się unosić kilka centymetrów nad dnem. Gdy nie ma brań, warto zmieniać co pewien czas grunt, aż trafimy na strefę żerowania ryb. Przynętą może być ciasto, topiony ser, napęczniałe ziarna konopi i pszenicy, chruścik, muchy i inne owady lub ich larwy, kawałki czerwonych robaków itp. W momencie brania, gdy tylko spławik się zanurzy, trzeba natychmiast wykonać miękkie (!) zacięcie. Jedynie wtedy, gdy na przynętę użyliśmy robaków, musimy chwilę poczekać, aż ryba ją „połknie".

Rybę, która *wzięła haczyk*, zdecydowanie, ale ostrożnie (delikatny sprzęt) odciągamy od stada, aby go nie spłoszyć podczas holowania. Większej płoci nigdy nie należy wyciągać na powierzchnię, zanim nie osłabnie. W przeciwnym razie jej trzepotanie się będzie stanowiło ostrzeżenie dla pozostałych ryb. Wskazane jest zadawanie od czasu do czasu niewielkich ilości zanęty, aby przytrzymać stado na miejscu.

Połów leszczy

Leszcz ma wyjątkowo wysoki grzbiet, spłaszczone boki i półokrągło wciętą płetwę odbytową. Występuje licznie w jeziorach, stawach i wolno pływających rzekach o ciepłej wodzie i miękkim, mulistym bądź mulisto-piaszczystym dnie. Żyje w wędrujących, bardzo licznych stadach. Małym pyskiem wyciągającym się w ryjek zasysa larwy owadów, mięczaki i skąposzczety z mułu na dnie zbiornika. W miejscu, gdzie ryby się zatrzymują, szybko znika pokarm, muszą więc szukać nowych żerowisk.

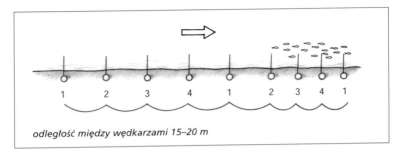

odległość między wędkarzami 15–20 m

*Rys. 41
Poszukiwanie stada
leszczy przez czte-
rech wędkarzy*

*Posługiwanie się ta-
ką wędką wymaga
dużej wprawy.*

Jako ryby ciepłolubne leszcze mają największy apetyt w miesiącach letnich, można je jednak łowić również w chłodniejszej porze roku.

Podczas połowu leszczy głównym zadaniem jest *ustalenie miejsca pobytu stada*. Najprostsza metoda polega na obserwowaniu wody i wypatrywaniu ryb spławiających się na jej powierzchni. Zanurzający się leszcz wykonuje charakterystyczne machnięcie ogonem. Jeżeli ryby nie wypływają na powierzchnię, należy zwracać uwagę na wznoszące się pęcherzyki powietrza i chmury mułu, powstające, gdy ryby ryją dno w poszukiwaniu pożywienia. Takie poszukiwanie jest jednak skuteczne wyłącznie w bardzo przejrzystych zbiornikach wodnych.

Leszczem tej wielkości można się pochwalić.

Zlokalizowane stado leszczy trzeba zatrzymać na miejscu, podając zanętę. Ważne jest, aby podawać zanętę możliwie ciężką, aby opadła na dno i tam pozostała. Lżejsza karma szybko popłynie z prądem, odciągając stado, zamiast je przytrzymać.

Jeżeli opisany sposób tropienia leszczy okaże się nieskuteczny, trzeba szukać ich na spokojnych, głębokich odcinkach rzek, w głębokich odnogach, ujściach starorzeczy i zakolach ostróg. Do spenetrowania jednego miejsca wystarczy najwyżej 10 minut, po czym należy ponownie zarzucić wędkę 1–20 m dalej. Gdy leszcz weźmie, trzeba w wodzie umieścić zanętę, aby zatrzymać stado na miejscu.

W jeziorach leszcze przebywają zwykle w miejscach, gdzie gwałtownie opada dno lub na płaskich

Gdy znajdziemy stado leszczy, trzeba je przytrzymać na miejscu przez podawanie zanęty, w przeciwnym razie ryby szybko odpłyną.

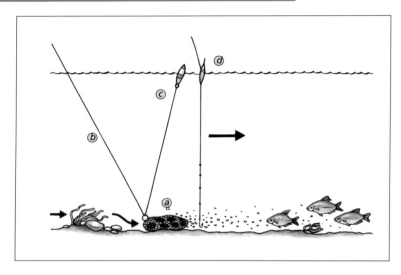

Rys. 42
Połów z użyciem
koszyczka z zanętą:
a) koszyczek z zanę-
tą; b) linka
przytrzymująca;
c) boja pozycyjna;
d) zestaw z haczy-
kiem

ale głębokich blatach. Najlepiej je łowić wcze-
snym rankiem i późnym wieczorem. Zimą biorą
w godzinach południowych.

Leszcze zwykle łowi się za pomocą *wędki gruntowej średniej mocy*. Długość wędki w dużym
stopniu zależy od rodzaju zbiornika wodnego.
W każdym razie wędka nie powinna być zbyt
krótka. Zaleca się żyłkę główną o średnicy
0,20–0,25 mm i nieco cieńszy przypon oraz haczyki nr 6–12. Spławiki powinny być podłużne, wyraźnie widoczne i dobrze obciążone.

Zestawy umieszcza się bezpośrednio na dnie.
Leszcze wymagają stosowania dużej ilości zanęty.

Branie leszcza łatwo rozpoznać. Gdy ryba weźmie przynętę, zwykle podpływa nieco w górę,
podnosząc obciążony przypon. W efekcie spławik
wynurza się i kładzie płasko na powierzchni.
Wówczas wykonujemy zacięcie. Jedynie w wypadku stosowania czerwonych robaków i rosó-
wek warto poczekać z zacięciem, aż spławik się

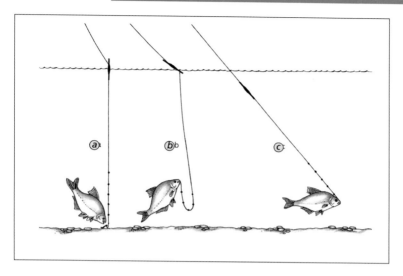

zanurzy. Za przynętę służy ciasto, ziemniaki, ser, czerwone robaki, chruściki i białe robaki.

Schwytanego leszcza nisko opuszczoną wędką delikatnie odciągamy od stada i dopiero wtedy holujemy do zmęczenia, aby nie wypłoszyć pozostałych ryb. Leszcz nie jest specjalnie waleczny, ale masa i kształt jego ciała przystosowany do pływania w wodach o wartkim nurcie sprawiają, że podczas holowania wymaga dużej uwagi.

Rys. 43
Tak leszcz bierze przynętę: a) ryba skubie i wsysa przynętę; b) unosi zestaw, co powoduje wyłożenie spławika; c) odpływa z przynętą

Połów kleni na pływającą przynętę

Kleń jest wszystkożercą i można go łowić przez cały rok. W miesiącach letnich całymi tygodniami żywi się pokarmem chwytanym z powierzchni wody. Próbuje niemal wszystkiego, co niesie nurt.

Pamiętać trzeba, że kleń jest bardzo płochliwy. Już WALTON określił go jako „najbardziej bojaźliwą z ryb".

Odzyskawszy siły po okresie tarła, mniej więcej od lipca, klenie prawie do jesieni przebywają w wodach o wyraźnym prądzie. Są to najczęściej jazy i ich ujścia, wlewy, zalane ostrogi itp. Występują również poniżej ujścia rzek i strumieni, w wąskich rynnach lub pod stromymi skarpami. Wyjątkowo duże okazy kleni to samotnicy. Mniejsze i średnie osobniki żyją w grupach.

W przypadku kleni dobre rezultaty daje połów *przepływanką* na powierzchni wody. Przynęta płynie wówczas wraz z prądem. Na powierzchniową przepływankę używamy pływającej żyłki o średnicy 0,25 mm.

Potrzebna jest też *lekka, elastyczna wędka*, 3–4 m długości, wyposażona w kołowrotek o szpuli stałej. Umożliwia ona dalekie, miękkie zanurzanie lekkiego, pływającego zestawu.

Ze względu na płochliwość kleni należy łowić te ryby z daleka i w ukryciu.

Latem chyba nie ma lepszej przynęty od unoszącego się na powierzchni wody konika polnego.

Przynęta płynąca wraz z prądem w naturalny sposób znacznie zwiększa szansę powodzenia. Bezpośrednio do żyłki głównej, czyli bez przyponu, przywiązany jest haczyk nr 2–5.

Można też użyć kuli wodnej. Jest to specjalny rodzaj pływaka, mocowany na różne sposoby. Odpowiednio napełniony wodą pływak spowoduje, że zestaw osiągnie masę niezbędną do wykonania rzutu.

Przynęta musi się unosić na powierzchni wody, dlatego najlepsze są chrabąszcze, szarańcza, kawałki chleba itp.

Cały zestaw wraz z przynętą należy położyć na wodzie miękko i bezgłośnie. Jeśli ukształtowanie brzegu na to pozwala, wędkarz w możliwie dużej odległości może podążać za unoszoną przez wodę przynętą.

Linka powinna być wyprostowana, co pozwoli szybko zareagować na zwykle niespodziewane

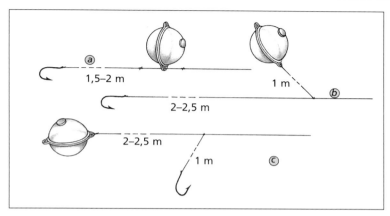

branie klenia. Jeżeli żyłka utworzy duży łuk, upłynie zbyt dużo czasu na nawiązanie kontaktu z rybą i wykonanie mocnego zacięcia. Myślimy wówczas, że to nieudane branie, tymczasem zbyt późno wykonaliśmy zacięcie. Trzeba pamiętać, że zacięcie powinno być tym mocniejsze, im ryba bardziej jest oddalona od wędkarza.

Kleń walczy wytrwale i energicznie, dlatego podczas holowania nie należy się spieszyć. Z wody wyciągamy rybę zawsze za pomocą podbieraka.

Rys. 44 Mocowanie kuli wodnej: a) na lince głównej; b) na ramieniu bocznym; c) na ramieniu końcowym

Klenie są wprawdzie żarłoczne, ale sprytne i ostrożne, dlatego trudno je złowić.

Połów linów

Lin jest rybą z rodziny karpiowatych, występującą w płytkich jeziorach, stawach o miękkim dnie, nawet w najmniejszych błotnistych sadzawkach. Można go spotkać również w wodach płynących, czasem także w krainie pstrąga. Liny żyjące w małych zbiornikach wodnych mają skłonność do przybierania form karłowatych.

Lin jako ryba ciepłolubna latem daje się złapać najczęściej o świcie i o zachodzie słońca. Żyje w stadach, tylko większe okazy są raczej samot-

Po prawej: Dokarmiane tuż przy pasie trzcin liny można łowić już wczesną wiosną.

nikami. Obecność żerujących na dnie ryb, zdradzają unoszące się bańeczki powietrza i lokalne zmętnienia wody. W takich miejscach, a są to najczęściej przerwy między kępami wodnych roślin, z dużym prawdopodobieństwem będzie można złowić żyjące w ukryciu liny.

Jeśli to możliwe, należy przez kilka dni rozrzucać zanętę na liny tuż za pasem trzcin, gdzie woda ma głębokość 1–1,5 m. Dopiero potem można zacząć je łowić, stosując jako przynętę kuleczki z ciasta, kawałki ziemniaków, czerwone robaki, rosówki, mięso ślimaków lub małży. Najlepiej wybierać miejsca w pobliżu brzegu wystawione na działanie wiatru. Lubiące ciepło liny podpływają do miejsc, gdzie w wyniku wywołanej wiatrem częściowej cyrkulacji zbiera się cieplejsza i bogatsza w tlen woda powierzchniowa. Mimo że lin jest dużą rybą, bardzo ostrożnie sięga po umieszczoną tuż nad dnem lub leżącą na dnie przynętę. Skubanie przynęty, trwające często kilka minut i powodujące podrygiwanie i kręcenie się w kółko spławika dodatkowo zwiększa emocje i atrakcyjność połowu. Połów lina z pewnością nie jest nudny. Zacięcie wykonujemy dopiero wówczas, gdy spławik zanurzy się w wodzie i zostanie odciągnięty co najmniej o metr – zazwyczaj następuje to po dłuższym czasie.

Sprzęt do połowu linów w bogato porośniętym rewirze to *średniej ciężkości wędka do połowu gruntowego*, najlepiej z kołowrotkiem, umożliwiająca konfrontację z ważącą zwykle ponad kilogram rybą. Nie należy wybierać zbyt miękkich wędek, zwłaszcza takich, które mają miękką akcję szczytową. Trudno będzie wówczas zapanować nad rybą. Żyłka główna nie powinna być cieńsza niż 0,22 mm; w rejonach o bogatej roślinności lepiej użyć żyłki o średnicy do 0,28 mm. Do nieco cieńszego przyponu mocujemy bardzo

> Chyba żadna inna ryba podczas brania nie dostarcza tyle emocji, co ostrożnie skubiący przynętę lin. Wystawia on cierpliwość wędkarza na najwyższą próbę.

ostry, niezbyt cienki haczyk wielkości 3–6. Możliwie lekki, cienki spławik należy dobrze obciążyć, aby jak najbardziej zmniejszyć jego wyporność, gdyż wiele linów rezygnuje z przynęty, gdy poczują najmniejsze zagrożenie.

Holowanie większych okazów linów powinno się odbywać możliwie daleko od właściwego miejsca połowu. Rybę wyciągamy zawsze za pomocą podbieraka.

Połów karpi

Połów karpi wymaga sporego doświadczenia w wędkarstwie gruntowym nie tylko z powodu płochliwości i ostrożności tego gatunku ryb. Trzeba wykazać się solidnymi umiejętnościami taktycznymi, aby w ogóle złapać karpia na haczyk. Karp jest również najbardziej wymagającym i przebiegłym przeciwnikiem wędkarza podczas holowania.

Karpie żyją w wodach płynących i stojących. W wodach bieżących wolą odcinki głębsze o wolniejszym prądzie, starorzecza, duże, głębokie zakola. Ryby osiedlone w wodach stojących mają bardziej wysklepione grzbiety niż ich „wysmukli" pobratymcy zamieszkujący wody płynące – formę ciała zwierzęta dostosowały do warunków środowiska.

Stanowiska karpi w jeziorach i innych zbiornikach wody stojącej najczęściej znajdują się u ujścia strumieni, kanałów i rowów, gdzie występuje obfitość pokarmu. Poza tym stadami przemierzają większe obszary, zwykle jednak wystawione na działanie wiatru bogate w pożywienie strefy przybrzeżne.

Przy ciepłej pogodzie okres *brania* karpi zaczyna się już wiosną, często nawet w końcu marca, i trwa do jesieni. Wiosną i jesienią karpie przebywają w głębokiej wodzie. Gdy woda z czasem się ogrzeje, przenoszą się na płycizny.

Jeżeli przez kilka dni o świcie lub wieczorem będziemy dokarmiać karpie, używając do tego celu rozgniecionych ziemniaków lub namoczonej kukurydzy, znacznie zwiększymy szansę złowienia dużej ryby.

Haczyk z przynętą, którą stanowi ciasto, ziemniaki, kukurydza lub robaki, umieszczamy na dnie lub tuż nad nim w miejscu, gdzie jeszcze poprzedniego dnia zanęcaliśmy ryby. Podczas wykonywania wszelkich czynności należy zachować ogromną ostrożność. Każdy, nawet pozornie niewielki hałas, widoczne poruszanie się na brzegu, niezręczne, głośne zarzucanie wędki może na wiele godzin przekreślić szanse na połów.

Karp zwykle nie od razu bierze przynętę. Błędem jest zatem wyjmowanie zestawu z wody w celu sprawdzenia lub wymiany przynęty. Takie niepotrzebne manewry wzmagają czujność.

Do połowu karpi *używamy mocnego sprzętu*. Niezbędne jest solidne wędzisko o długości 3–3,5 m, duży kołowrotek ze stałą szpulą, prawie po brzegi wypełnioną żyłką o średnicy 0,30 mm. Konieczny jest też dobrze obciążony, ale widoczny spławik, ponieważ zwykle łowimy z dużej odległości. Musi on mieć jak najmniejszą wyporność ze względu na nieufność większych karpi. Jeżeli łowimy za pomocą zestawów z ciężarkami gruntowymi bez spławika, zwykle stosujemy specjalne konstrukcje, na przykład zestaw samozacinający. Takich zestawów, jak również przynęt do specjalnych połowów karpia używają bardzo zaawansowani wędkarze, więc nie są one omówione w tej książce.

Podczas połowu karpia rezygnujemy z przypo-

U góry: Tak zakłada się przynętę na „włos": po lewej – orzechy laskowe na pętli; w środku namoczone ziarna grochu na pojedynczym „włosie"; po prawej – fasolka przymocowana do haczyka.

U dołu: Aby przeciągnąć włos przez twardą przynętę – w tym przypadku orzech laskowy – wierci się otwór specjalnym wiertłem.

nu – węzły niepotrzebnie zmniejszają wytrzymałość żyłki. Haczyk nr 1–3, który w tym przypadku powinien być najwyższej jakości, przywiązujemy bezpośrednio do żyłki głównej.

Podczas gorących, letnich miesięcy karpie często przebywają tuż pod powierzchnią wody. Nie interesuje ich wówczas przynęta umieszczona na dnie. W takim przypadku za pomocą kuli wodnej (patrz s. 82) podajemy karpiom na powierzchni wody lub tuż pod nią kawałek białego chleba wielkości śliwki (ze skórką). Przed rozpoczęciem i w trakcie łowienia można umiarkowanie zanęcać ryby, wrzucając kawałki chleba. Nie tylko wabi to karpie, ale również szybko pozbawia je lęku przed przynętą. Trzeba też dobrze natłuścić żyłkę.

Gdy ryba weźmie, należy poczekać z wykonaniem zacięcia, aż znacznie się oddali (dotyczy to zarówno połowu ze spławikiem, jak i z kulą wodną). Gdy karp poczuje pierwszy opór żyłki, rzuca się do ucieczki. Często przepływa wówczas 30-40 m. Manewr ten powtarza kilkakrotnie. Wykorzystując akcję wędki i rozciągliwość żyłki, staramy się z wyczuciem hamować ten ruch. Zmęczone zwierzę wyciąga się dużym podbierakiem.

Rekordowe okazy karpi złowione w ciągu ostatnich lat:

1996 – 29,5 kg, 111 cm, Men, boilie (Rute & Rolle-Bestenliste)

1997 – 27,4 kg, 112 cm, Zalew Völkermarker (A), boilie (BLINKER-Hitparade)

1998 – 26,2 kg, 104 cm, jezioro Brandstätter (A), boilie (BLINKER-Hitparade)

1999 – 30,1 kg, 108 cm, wyrobisko w Styrii (A), boilie (BLINKER-Hitparade)

2000 – 23,8 kg, 103 cm, wyrobisko Leibnitz, boilie (BLINKER-Hitparade)

Połów węgorzy i miętusów
Węgorze i miętusy omówione zostały w jednym rozdziale ze względu na prawie identyczny sposób ich połowu. Z punktu widzenia zoologicznego mają ze sobą tylko tyle wspólnego, że należą do gromady ryb.

Węgorz. Tę podobną do węża rybę znają nie tylko wędkarze. Występuje ona we wszystkich wo-

dach mających połączenie z otwartym morzem. Węgorz jest aktywny w nocy. Można go łowić od kwietnia do października. Specjaliści koncentrują się na połowach we wrześniu, gdyż właśnie w tym czasie zdarzają się największe okazy.

Niespokojna woda i wiatr zapewniają dobre warunki do połowu węgorza. Najczęściej używa się *zestawów gruntowych bez spławika*. Dobre wyniki daje użycie mocnej wędki o długości co najmniej 3 m. Na szpulę kołowrotka nawijamy żyłkę o średnicy 0,30–0,35 mm. W wodach obfitujących w przeszkody może być konieczna grubsza żyłka o średnicy 0,40 mm. W zależności od siły prądu na żyłkę główną zakładamy ciężarek gruntowy o masie 30-60 g. Nieco cieńszy przypon o długości 50 cm mocuje się do żyłki głównej za pomocą krętlika i agrafki. Uzupełnieniem zestawu jest długoramienny haczyk nr 1–3.

> Węgorz jest nieobliczalny, ale nie wychodzi na ląd, by żerować na plantacjach grochu. To zwykły zabobon.

W wodach stojących – podczas połowu z brzegu lub z łodzi – najlepiej użyć *zestawu ze spławikiem przelotowym*. Przynętę umieszczamy tuż nad dnem. Taka przynęta stale dryfuje i szybciej niż przynęta leżąca na dnie dociera w pole widzenia węgorza. Poza tym przynęty znajdującej się powyżej dna nie ruszają raki.

Na *przynętę* nadają się rosówki, kawałki ryb, ryby w całości, ogony raków itp.

Wędkę po zarzuceniu ustawiamy stromo w specjalnej podpórce. Żyłka między ciężarkiem gruntowym i szczytem wędki powinna być lekko napięta, a hamulec żyłki poluzowany.

W momencie brania szczyt wędki zaczyna wyraźnie „pulsować". Podczas połowu w nocy, gdy zdani jesteśmy na sygnały akustyczne, warto na szczycie wędki umieścić mały dzwoneczek. Gdy ryba zacznie odpływać, wykonujemy mocne zacięcie i szybko wyjmujemy ją z wody, gdyż często

szuka schronienia w podwodnych przeszkodach, skąd trudno ją wyciągnąć. Jeżeli łowimy ze spławikiem, zacięcie wykonujemy dopiero wtedy, gdy zostanie energicznie przesunięty o trzy lub cztery metry.

Jesienią wędrują tędy miętusy i można je łowić na zestawy z ciężarkiem gruntowym.

Miętus. Miętus, należący do rodziny dorszowatych, to ryba słodkowodna występująca w całej Europie, z wyjątkiem krańców południowych i zachodnich oraz w przeważającej części Azji. Żyje w ukryciu i uaktywnia się dopiero o zmierzchu i w nocy, dlatego większość wędkarzy zna go tylko z nazwy. Połów smacznego miętusa nie sprawia jednak większych trudności, jeżeli wiadomo, gdzie i kiedy można go spotkać. W listopadzie miętusy przed tarłem dużymi stadami ciągną w górę rzek, gdzie będą składały ikrę w górnym biegu i w pobliżu źródeł. W tym czasie zachłannie rzucają się na każdy pokarm zwierzęcy.

Szczególnie licznie gromadzą się w pobliżu przeszkód, takich jak śluzy i jazy. Można je tam spotkać w miejscach o spokojniejszej wodzie.

Miętusów nie warto łowić w stojących wodach, ponieważ bardzo trudno wytropić ich zimowe stanowiska. Do połowu tych ryb stosujemy sprzęt taki sam, jak do połowu węgorzy.

Na miętusy używamy takiej samej *przynęty* jak na węgorze, ewentualnie uzupełnionej o pokrojone na drobne kawałki kurze wnętrzności oraz mięso małży.

Uwaga! W wątrobie miętusa często znajdują się larwy tasiemca. Przed spożyciem koniecznie trzeba ją mocno wysmażyć, a jeszcze lepiej w ogóle zrezygnować z jej zjedzenia.

Ta niezbyt wybredna drapieżna ryba bardzo energicznie i z dużą siłą bierze przynętę leżącą na żwirowym dnie. Nie należy zbytnio zwlekać z zacięciem, ponieważ miętus dość szybko połyka haczyk, który wędruje aż do żołądka i trudno go wtedy odczepić. Szybko wykonujemy *holowanie* i wyciągamy rybę podbierakiem. Porą dnia najbardziej obiecującą sukces w łowach są pierwsze godziny po zachodzie słońca.

Połów szczupaków i okoni na martwą rybę
Ryby przeznaczone na przynętę łowi się bardzo lekką wędką lub podrywką. Na przynętę najlepiej nadają się małe karasie, płotki, okonie, krąpie i ukleje. Złowione rybki trzyma się w specjalnym pojemniku (sadzyku), który można wyposażyć w pompę powietrzną na baterie. W Niemczech prawo o ochronie zwierząt nie dopuszcza stosowania żywych ryb jako przynęty. W Polsce nie *obowiązuje zakaz połowu na żywca*. Wędkarz, który nie chce zrezygnować z tego rodzaju przynęty, może stosować martwe ryby. Jeżeli przynęta jest świeża, można na nią łowić równie skutecznie, jak na żywe ryby.

W wielu krajach przestrzega się zasady, aby na przynętę wykorzystywać wyłącznie ryby złowione w tym samym zbiorniku, w którym następnie dokonujemy połowu. Dzięki temu choroby ryb występujące w danym zbiorniku wodnym nie zostaną przeniesione do innych wód. Zasady tej powinien przestrzegać każdy wędkarz, gdyż niebezpieczeństwo przeniesienia chorób jest bardzo duże!

Szczupak. Ta czyhająca na ofiarę *drapieżna* ryba występuje niemal we wszystkich większych wodach stojących i płynących. Smukły, o wrzecionowatym ciele szczupak bez wątpienia należy do najbardziej atrakcyjnych trofeów wędkarskich. Najchętniej przebywa w pobliżu brzegu wśród wodnych roślin, za ostrogami, pod głęboko zwisającą do wody roślinnością nadbrzeżną, w trzcinie i innych podobnych miejscach. Potrafi tam trwać godzinami bez ruchu. Ofiarę, która się do niego zbliży, błyskawicznie atakuje i pożera.

Szczupaka *na martwą rybkę* warto łowić przez cały rok, zwłaszcza podczas letnich miesięcy, gdy połów spinningowy jest mniej skuteczny. Trzeba zaznaczyć, że w ciągu ostatnich kilkudziesięciu lat, mimo coraz lepszej techniki spinningowej,

Łańcuszek ze sprężynujących ogniwek, przez które przewleczono kordonek z nanizanymi martwymi rybkami, jest obciążony ołowianym ciężarkiem. Tak skonstruowana przynęta zrzucona pionowo do wody nie tonie, a rybki symulują fragment naturalnej ławicy.

Największe okazy szczupaka złowione w ostatnich latach

1986 – 25 kg, 136 cm, wody należące do Związku Wędkarskiego w Bühl, błystka (BLINKER-Hitparade)
1995 – 24,2 kg, 142 cm, jezioro Eppler, płotka (Rute & Rolle-Bestenliste)
1996 – 21,2 kg, 131 cm, wody należące do Związku Wędkarskiego – okręg Monachium, błystka (BLINKER-Hitparade)
1997 – 20,0 kg, 140 cm, kąpielisko Ummendorfer, systemik (BLINKER-Hitparade)
1998 – 21,1 kg, 139 cm, jezioro Erlen, gumowa rybka (BLINKER-Hitparade)
1999 – 21,0 kg, 130 cm, jezioro Hohendeicher, hering (BLINKER-Hitparade)
2000 – 19,27 kg, 130 cm, wyrobisko Unterfahlheim, płoć czerwonooka (BLINKER-Hitparade)

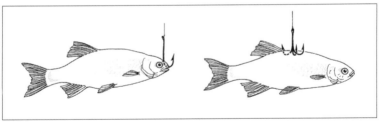

U góry: rys. 45
Połów przynęty
podrywką.
W Polsce podrywka
jest zabroniona

U dołu: rys. 46
Mocowanie
przynęty za wargę
i za grzbiet

większość rekordowych szczupaków złowiono starą wypróbowaną metodą na martwą rybkę.

Sprzęt potrzebny do połowu szczupaka został omówiony w rozdziale o kompletowaniu sprzętu do połowu gruntowego (s. 54).

Zmontowaną wędkę z założoną przynętą zarzucamy na odpowiednią głębokość w miejscu, gdzie spodziewamy się zastać szczupaka. Ryba często chwyta przynętę już kilka sekund później. Jeśli tak się nie stanie, poruszamy przynętę w taki sposób, aby sprawiała wrażenie żywej. Jeżeli drapieżnik jest w pobliżu, na pewno ją zauważy. Szczupak często łapie przynętę wówczas, gdy zaczynamy ją wyciągać, aby zarzucić ponownie w innym miejscu. Ten ruch przynęty szczególnie zachęca go do ataku. Jeżeli po zarzuceniu przynęty przez dłuższą chwilę nic się nie dzieje, warto podciągnąć ją o metr w górę.

Zazwyczaj szczupak chwyta zdobycz szybko i zdecydowanie. Gwałtownie wciąga spławik pod wodę i nieruchomieje. W tym czasie trzyma przynętę poprzecznie w pysku.

> **Uwaga!** Zastosowanie żywej ryby jako przynęty jest w wielu krajach zabronione. Martwa rybka dostatecznie dobrze spełnia tę funkcję.

Jeżeli haczyk zaczepiony był *do grzbietu* przynęty, tkwi między szczękami zwierzęcia. Gdy teraz wykonamy mocne zacięcie, haczyk z dużym prawdopodobieństwem utkwi w jego pysku. Jeśli zbyt długo poczekamy, możemy stracić rybę. Często szczupak, obracając przynętę w pysku, aby połknąć ją głową do przodu, wyczuwa haczyk i wypuszcza rybkę.

Jeżeli haczyk był przymocowany *do wargi lub nozdrzy* martwej rybki, trzeba poczekać, aż szczupak ją połknie. Czasem trwa to kilka minut. Dlatego nie należy działać zbyt pospiesznie.

W przypadku złowienia większego okazu szczupaka *holowanie* ma dość dramatyczny przebieg, wymaga opanowania i zręczności. Można je zakończyć dopiero wówczas, gdy wyczerpana ryba położy się bokiem na wodzie. Wyjmujemy ją z wody dużym podbierakiem.

Okoń. Jest to jedna z najładniejszych ryb i jednocześnie znakomity cel wypraw wędkarskich. Występuje niemal we wszystkich wodach śródlądowych.

Dopóki okonie nie osiągną rozmiaru równego mniej więcej szerokości dłoni, żywią się drobnymi zwierzętami. Chronią się wówczas

> Duże okonie należy ostrożnie holować i zawsze wyjmować z wody podbierakiem, gdyż haczyk łatwo się wyślizguje z pyska ryby.

Haczyk wyjmujemy ostrożnie! Łatwo skaleczyć się o ostre pokrywy skrzeli i kolce grzbietowe okoni.

na obszarach przybrzeżnych o bogato porośniętym dnie. Wraz ze wzrostem objawiają drapieżną naturę. W niewielkich grupach przemierzają znaczne odległości. Po drodze atakują małe rybki, w tym także przedstawicieli własnego gatunku. Duże okonie, tak zwane okonie głębinowe, przebywają głównie na głębokości około 20 m. Niełatwo znaleźć ich ostoje. W wodach płynących należy szukać okoni przy śluzach, w pobliżu filarów mostów, w umocnieniach brzegów itp. Nieco mniejsze osobniki odwiedzają spokojniejsze okolice jazów. W jeziorach okonie spotyka się w miejscach, gdzie gwałtownie opada dno oraz w pobliżu podwodnych wzgórz, tak zwanych okoniowych górek.

Ryby te łowi się lekką, niezbyt sztywną wędką z przelotkami, długości 3–4 m. Na kołowrotek o stałej szpuli nawijamy żyłkę o średnicy 22 lub 25 mm. Konieczny jest również dobrze obciążony, wąski, przelotowy spławik i krótkoramienny haczyk nr 2–4 przywiązany bezpośrednio do żyłki głównej.

Na przynętę wybieramy *świeże rybki* o długości 4–8 cm. Mocujemy je do haczyka za górną wargę i umieszczamy w wybranym miejscu mniej więcej na trzech czwartych głębokości wody. Jeżeli w nurcie spławik nagle stanie w miejscu lub zniknie, oznacza to branie. Okoń chwyta przynętę za głowę i szybko ją połyka. W tym czasie nie rusza się z miejsca. Ostrożne, lecz zdecydowane zacięcie wykonujemy dopiero wtedy, gdy odpłynie kilka metrów.

Holowanie okonia, który ucieka gwałtownie skokami na boki, należy wykonywać bardzo ostrożnie, gdyż haczyk łatwo wypada mu z pyska. Z tego względu również średniej wielkości okonie lepiej wyjmować z wody podbierakiem.

Połów pod lodem

Zimą coraz rzadziej wędkarze odpoczywają. Gdy pogoda na to pozwala, licznie wyruszają na zamarznięte jeziora i rzeki. Połowy pod lodem mają własną specyfikę.

Najważniejsze jest zachowanie ostrożności: nie wolno wchodzić na lód cieńszy niż 15 cm i należy zachować odstęp co najmniej 50 m od krawędzi lodu, za którą zaczyna się woda. Układające się w szczególny sposób prądy wodne mogą mieć wpływ na strukturę lodu, dlatego dobrze jest zasięgnąć informacji na ten temat u miejscowych wędkarzy. Trzeba też unikać miejsc, gdzie lód popękał, zawiera bańki powietrza lub ma gąbczastą strukturę, ponieważ jego wytrzymałość jest wówczas znacznie mniejsza.

> **Uwaga!** Podczas połowu pod lodem warstwa lodu musi mieć co najmniej 15 cm grubości, należy zachować odstęp 50 m od krawędzi i nie wchodzić na lód zawierający pęcherzyki powietrza.

Ze względu na bezpieczeństwo *otwory w lodzie* powinny mieć średnicę nie większą niż 20 cm. Najlepsze do ich wykonania są dostępne w sklepach świdry do lodu lub specjalny łom zwany pierzchnią. Po zakończeniu łowienia przeręble należy oznaczyć wiązką trzciny lub gałęziami, aby uniknąć wypadku.

Rys. 47
Świdry do lodu

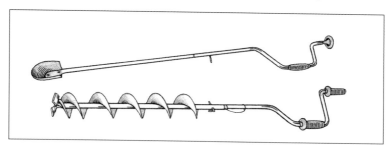

Po prawej: Gdy woda pokryje się grubą warstwą lodu, nic nie stoi na przeszkodzie udanym połowom pod lodem.

Zimą trudniej wytropić *ostoje ryb*. Woda o temperaturze 4°C ma największą gęstość, więc, osiągnąwszy tę temperaturę, opada na dno. Ryby podążają w głąb za masami wody tworzącymi na dnie rodzaj ciepłego materaca. Tkwią tuż przy dnie i tylko tam można je łowić. Jeżeli nie znamy zimowych siedlisk ryb, musimy wywiercić wiele otworów w lodzie posuwając się w linii prostopadłej do brzegu ku środkowi zbiornika. Po wysondowaniu głębokości wpuszczamy zestaw kolejno w każdy otwór, aż napotkamy stado ryb. Jeśli przez kilkanaście minut nie ma brań, lepiej dać za wygraną i spróbować w następnym przeręblu.

Pod lodem najczęściej łapie się płocie, okonie, leszcze i krąpie. Do wyjątków należy złowienie takich ciepłolubnych gatunków, jak karp lub wzdręga.

Do tego rodzaju połowów służą specjalne, wyjątkowo lekkie wędki o długości od 30 cm do około 1 m.

Tylko wyjątkowo czuły zestaw umieszczony tuż nad dnem zapewnia sukces podczas połowu pod lodem.

Żyłki powinny być bardzo cienkie (0,08–0,12 mm). Nie trzeba do nich zakładać cieńszego przyponu.

W zależności od rodzaju przynęty do połowu pod lodem zalecane są cienkie haczyki najwyższej jakości nr 16-22.

Do zestawu dobieramy wąski, lekki, dobrze obciążony spławik, którego antenka będzie wystawać najwyżej 3 mm nad wodę, a może być nawet całkowicie zanurzona pod wodą.

Na mały kołowrotek o ruchomej szpuli nawijamy około 10–15 m żyłki. Długość żyłki od szczytu wędki zależy od głębokości wody w przeręblu.

Łowimy tuż nad dnem (konieczne jest dokładne zgruntowanie!). Przynętę opuszczamy i wyciągamy z ręki. Również z ręki holujemy rybę. Jedynie zacięcie wykonujemy za pomocą wędki.

Do łowienia pod lodem lepsza od ciasta i przynęty roślinnej jest *przynęta* zwierzęca, jak czerwone i białe robaki, delikatne surowe mięso,

a przede wszystkim larwy ochotki. Można też użyć jako przynęty kawałków żółtego lub toponego sera.

Ważne jest również niewielkie, ale regularne *zanęcanie* w celu utrzymania stada w miejscu. Na zanętę nadaje się tarta bułka, płatki owsiane, kasza. Aby zanęta łatwiej opadała na dno, można do masy dodać trochę piasku. Skutecznym dodatkiem są larwy ochotki.

Zimą ryby spokojnego żeru zwykle biorą bardzo niezdecydowanie. Jeżeli jednak w końcu spławik się zanurzy, należy natychmiast wykonać zacięcie. W wędkarstwie pod lodem także obowiązuje zasada, że im głębsza jest woda i dłuższa żyłka, tym mocniejsze musi być zacięcie. Rozciągliwość zwłaszcza bardzo cienkich żyłek powoduje, że zacięcie słabiej przenoszone jest na haczyk i ryba łatwiej może się uwolnić.

Połów na mormyszkę pochodzi z Rosji. Obecnie jest stosowany głównie w Kanadzie i w krajach skandynawskich.

Mormyszka może mieć różny kształt, kolor i wymiary. Aby przekonująco naśladowała potencjalną zdobycz, nie powinna leżeć na dnie, lecz wykonywać drobne podskoki i poruszać się zygzakiem.

Sukces zależy przede wszystkim od sposobu poruszania przynętą, a dopiero w następnej kolejności od jej koloru i kształtu. Ciężką mormyszkę przywiązujemy do cieniutkiej żyłki na krótkiej wędce (40-50 cm). Właściwa grubość żyłki jest bardzo ważna do zapewnienia koniecznego stałego kontaktu z przynętą. Przynęta ważąca mniej niż 0,5 g może być przymocowana do żyłki o średnicy najwyżej 0,10–0,12 mm.

Moment brania mormyszki przez rybę jest łatwy do uchwycenia nawet dla wędkarza, który nie ma wielkiego doświadczenia w łowieniu ryb pod lodem. Jako sygnalizator wykorzystuje się kiwok ze szczeciny dzika, kliszy rentgenowskiej,

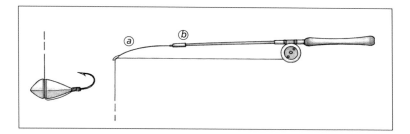

stalowego drutu lub giętkiego plastiku umocowanego do szczytu wędki. Na jego końcu znajduje się oczko, przez które przechodzi żyłka (można też użyć bardzo cienkiej spirali). Nawet przy najmniejszym obciążeniu kiwok wyraźnie wygina się w dół. Gdy poczujemy, że ryba bierze, wykonujemy błyskawiczne, ale ostrożne zacięcie.

Rybę delikatnie *holujemy* i podciągamy w kierunku przerębla, przytrzymując żyłkę ręką.

Rys. 48
Wędka mormyszkowa i sposób mocowania przynęty: a) sygnalizator brań; b) gumowy wentyl lub rurka plastikowa

Wędkarstwo spinningowe

„Wędkarstwo spinningowe jest metodą łowienia polegającą na zanurzeniu martwej lub sztucznej przynęty i prowadzeniu jej w wodzie w taki sposób, aby swoim ruchem prowokowała drapieżnika do ataku. Nazwa spinning pochodzi od angielskiego wyrazu spin, który oznacza prząść, snuć, wirować i dotyczy sposobu, w jaki żyłka wysuwa się i nawija na kołowrotek do przędzenia wełny (spinning wheel)". (KARL HEINTZ)

Technika połowu spinningowego

Sprzęt do połowu spinningowego

Sprzęt do połowu spinningowego składa się z wędziska, kołowrotka, żyłki i przynęty.

Wędzisko spinningowe. Wędzisko takie jest narażone na największe obciążenia i w dużym stopniu od niego zależy, czy połów będzie przyjemnością, czy nadwerężającym siły i nerwy zmaganiem. Stosując spinningową technikę połowu, wędkę zarzuca się wielokrotnie. Co chwila ściąga się przynętę, by zaraz ponownie ją zarzucić, więc wędzisko powinno być jak najlżejsze, aby nie obciążać zbytnio mięśni wędkarza.

Zdecydowanie godne polecenia są pustościenne wędziska węglowe. Obecnie bez problemu można je kupić w sklepach wędkarskich. Występują w wersji nasadowej i jako wędki teleskopowe, których poszczególne odcinki są tak krótkie, że po złożeniu mieszczą się w każdej torbie podróżnej. W wędkarstwie spinningowym wędki teleskopowe stosuje się raczej jako sprzęt rezerwowy z powodu wad, o których była mowa wcześniej.

Wędziska spinningowe cechują się takimi samymi rodzajami akcji, jak omówione wcześniej wędziska do połowu gruntowego (s. 27). W praktyce najlepiej sprawdzają się kije o akcji progresywnej lub szczytowej.

Większość modeli wędek ma śrubowy uchwyt kołowrotka, stanowiący całość wraz z rękojeścią z korka lub sztucznego tworzywa piankowego. Forma rękojeści zależy między innymi od tego, czy mamy do czynienia z lekką, tak zwaną jednoręczną, czy cięższą, dwuręczną wędką (rys. 50).

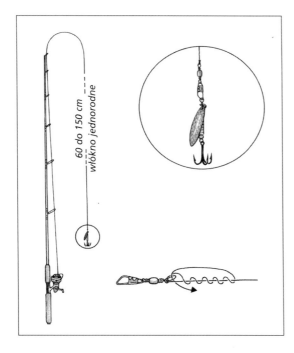

Rys. 49
Zmontowana wędka spinningowa (główne zasady montażu)

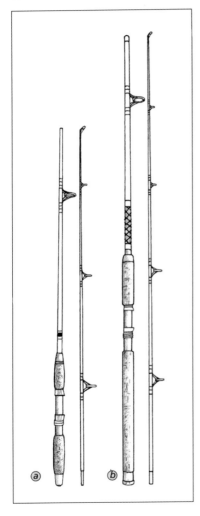

Istnieją też uchwyty z cynglem przystosowane do rzadko stosowanego w Polsce multiplikatora.

Jakość przelotek wędzisk spinningowych ma jeszcze większe znaczenie niż w przypadku wędzisk do połowu gruntowego. Nikt dotychczas nie policzył, ile rzutów statystycznie wykonuje pracowity wędkarz podczas kilkugodzinnego połowu na spinning, z całą pewnością jednak co najmniej kilkaset. Jeżeli przyjąć na przykład, że zanurza przynętę 200 razy na przeciętną odległość 30 m, to okaże się, że musi przeciągnąć przez przelotki i nawinąć na kołowrotek 6000 m dość napiętej żyłki. Takie obciążenie zwłaszcza przelotki szczytowej i kolejnych położonych najwyżej, wymusza wyposażenie ich w pierścienie z tlenku glinu lub węglika krzemu.

Przelotki wykonane z mniej odpornych materiałów łatwo ulegają zniszczeniu. W kijach spinningowych średnica przelotek

Zawsze należy sprawdzać, czy przelotka szczytowa i kolejne położone najwyżej nie mają uszkodzeń spowodowanych przez żyłkę. Jeżeli wystąpiło najmniejsze uszkodzenie, przelotkę należy wymienić.

Rys. 50
Wędka jednoręczna (a) i dwuręczna (b)

maleje ku szczytowi. Największą średnicę ma przelotka położona najbliżej uchwytu.

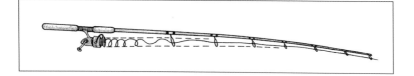

Chodzi o to, aby podczas rzutu z kołowrotka o szpuli stałej opór wynikający z tarcia żyłki o przelotki był jak najmniejszy. Opór ten ma znaczny wpływ na odległość i dokładność rzutu. **Kołowrotek.** W żadnej innej metodzie łowienia kołowrotek nie odgrywa tak dużej roli, jak podczas połowu spinningowego. Dzięki niemu możliwe jest celne zarzucenie na znaczną odległość przynęty ważącej często zaledwie kilka gramów.

*Rys. 51
Dzięki dużym przelotkom mniejsze jest tarcie podczas rzutu*

Od kilkudziesięciu lat w wędkarstwie spinningowym z powodzeniem stosowany jest kołowrotek o szpuli stałej. Dzięki swym właściwościom kołowrotek ten – przynajmniej w naszych szerokościach geograficznych – wyparł tak zwany multiplikator. Wymagania, jakie musi spełnić solidny kołowrotek o szpuli stałej, zostały omówione w rozdziale „Sprzęt w wędkarstwie gruntowym" na s. 27.

Żyłka. Wymagania dotyczące żyłki są takie same jak w przypadku wędkarstwa gruntowego i zostały omówione we wcześniejszych rozdziałach.

Przynęta. Różnorodność rodzajów przynęt może początkowo wywołać zawrót głowy, jednak po dokładniejszej obserwacji okazuje się, że sprawa nie jest aż tak skomplikowana. Przynęty spinningowe dzielą się na naturalne i sztuczne. Każda podczas połowu obraca się wokół podłużnej osi lub podryguje i wykonuje zygzakowate lub wahadłowe ruchy.

Jeśli zamierzamy łowić szczupaki lub spinningować w wodach, gdzie one licznie występują, zawsze stosujemy przypony metalowe.

105

Jeżeli na błystkę łapią się co chwila małe rybki, należy użyć większej przynęty.

W przypadku bezpośredniego połączenia przynęty z żyłką obrót przynęty przenosiłby się na żyłkę. W efekcie żyłka stale byłaby skręcona. Z tego względu przy stosowaniu błystek obrotowych i wahadłowych między przynętą a żyłką mocujemy łatwo obracający się krętlik.

Sztuczna przynęta spinningowa. Są to błystki obrotowe, wahadłowe, woblery i przynęty z miękkiego plastiku, a także specjalne rodzaje przynęty, na przykład pilkery i jigi.

Błystka wahadłowa to specjalny rodzaj przynęty. Z powodu łyżeczkowatego lub rybiego kształtu ciągnięta w wodzie częściowo obraca się wolno wokół własnej osi, częściowo zaś wykonuje tańczące lub zygzakowate ruchy na boki. Błystki wahadłowe zwykle wyposażone są w kotwiczkę umocowaną z tyłu. Dodatkowo kotwiczka może być umocowana z przodu przynęty (na przykład błystka Heintza).

Kotwiczki przyczepia się do błystki za pomocą specjalnych kółek łącznikowych, co w razie potrzeby umożliwia szybką ich wymianę.

Znajdujące się w sprzedaży błystki wahadłowe często mają zbyt małe kotwiczki. Wielkość kotwiczki powinna odpowiadać mniej więcej szerokości błystki w jej najszerszym miejscu. Poza tym

*Rys. 52
Wielkość kotwiczki równa się szerokości przynęty*

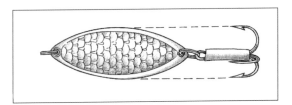

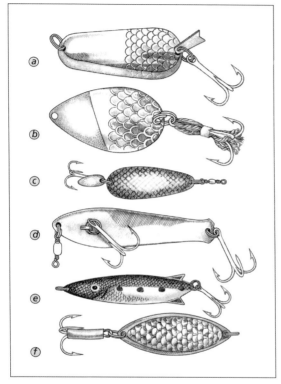

Rys. 53
Najczęściej używane
błystki wahadłowe:
a) gnom;
b) kalewa;
c) tramp;
d) heintz;
e) toby;
f) mepps

błystka powinna mieć taką masę, aby nie trzeba było jej dodatkowo obciążać podczas rzutu. Właściwa masa przynęty zależy jednak również od rodzaju wód. Do połowów na większej głębokości lub w wodach o szybkim prądzie wybieramy przynętę cięższą, podczas gdy w płytkich wodach stojących lepsza jest lżejsza, wykonana z cieńszej blachy.

Najbardziej uniwersalne błystki wahadłowe to wymieniona wcześniej błystka Heintza, gnom i toby.

Rys. 54
Najczęściej używane
błystki obrotowe:
a) mepps-aglia;
b) mepps-longue;
c) mepps-minnow;
d) mepps-lusox;
e) z wymiennym
ciężarkiem; f) devon
(obecnie rzadko
używana)

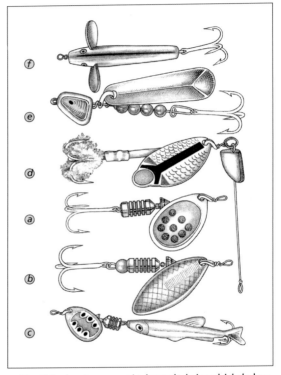

Błystki obrotowe mają kształt łyżeczki lub lancetu. Podczas przesuwania pod wodą obracają się szybko wokół własnej osi. Na końcu błystki umieszczona jest kotwiczka. Pod skrzydełkiem (paletką) błystki obrotowej często zawieszony jest odpowiedni ciężarek (korpus), aby przynęta nie wymagała dodatkowego obciążenia. W niektórych modelach ciężarek umieszczony jest przed blaszką.

Do grupy błystek obrotowych zaliczany bywa również devon. Ta zazwyczaj niewielkich rozmiarów przynęta ma kształt łezki lub cygara, a na jej

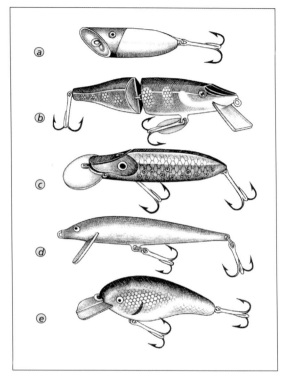

Rys. 55
Najczęściej używane
woblery:
a) popper;
b) łamany
(na szczupaki);
c) Hi-Lo z rucho-
mym sterem;
d) rapala oryginal;
e) big-s

szczycie znajduje się rodzaj śmigła. Gdy ciągnie-
my przynętę w wodzie, śmigło powoduje jej ob-
racanie. Obecnie bardzo rzadko stosuje się ten
rodzaj przynęty.

Woblery cieszą się zasłużonym uznaniem
wśród wędkarzy. Wykonane są z drewna lub
sztucznego tworzywa i w wielu przypadkach
wiernie naśladują drobne zwierzęta lub małe
rybki stanowiące pokarm ryb drapieżnych.

Jedne woblery pływają, inne szybko lub wolno
opadają na dno. Większość ma z przodu ster,
który w zależności od kąta ustawienia i szybkości,

z jaką są prowadzone, powoduje wabiące ruchy woblera i jego nurkowanie na odpowiednią głębokość.

Kotwiczki w woblerach umocowane są zwykle pośrodku i z tyłu. Wielką zaletą woblerów, w porównaniu z innymi rodzajami sztucznych przynęt, jest możliwość „bawienia się" nimi. Nie musimy ich stale poruszać, co jest konieczne w przypadku błystek i przynęt z miękkiego plastiku. Można nimi poruszać lub pozostawiać je bez ruchu, wówczas spływają z prądem albo dryfują w kierunku spodziewanych ryb. Można też podawać je rybom nad kępami podwodnej roślinności tuż pod powierzchnią wody. Tylko woblery dają wędkarzowi tak wiele możliwości.

Przynęty z miękkiego plastiku. Pojawiły się zaledwie przed 20 laty wraz z wynalezieniem bardzo miękkiego plastiku. Wytwarza się z niego doskonałe imitacje rozmaitych zwierząt stanowiących pokarm dla ryb. Plastikowe przynęty mają zróżnicowane kształty, rozmiary i kolory, a po-

*Rys. 56
Przynęty z miękkiego plastiku:
a) twister uzbrojony w główkę jigową z mocnym pojedynczym haczykiem; b) shad (ripper) uzbrojony w główkę jigową połączoną przegubowo z podwójną kotwiczką; c) główka jigowa; d) shad (rybka) z ogonkiem z frędzlami;
e) „Haddoc's Phantom", podwójny ogon z frędzlami*

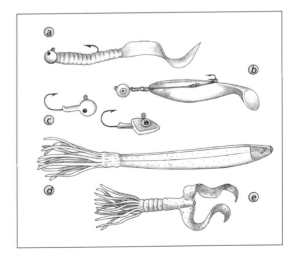

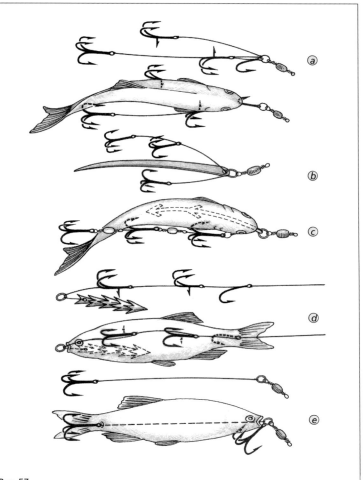

Rys. 57
Systemiki do zbrojenia martwej ryby: a) system woblerowy;
b) system lancetowy; c) systemik Schmidta; d) troll (na „choinkę");
e) z dodatkową kotwiczką przy pysku

Po prawej: W kotle górskiego strumienia najlepiej sprawdza się lekka wędka spinningowa.

nadto ryba, schwyciwszy taką przynętę, czuje, jakby miała w pysku naturalny pokarm. Można je też prowadzić na różne sposoby. Są bardzo skuteczne. Najbardziej znane rodzaje przynęty z miękkiego plastiku to *twister* i *ripper*. Mocuje się je do specjalnych haczyków z ołowianą główką.

Naturalna przynęta spinningowa. Stanowią ją przede wszystkim martwe ryby. Ten rodzaj przynęty rzadko jest stosowany przez wędkarzy, gdyż zdobycie ryb i przygotowanie do użycia jest dość kłopotliwe. Martwe ryby stają się właściwą przynętą dopiero po tak zwanym uzbrojeniu systemikiem (rys. 57).

Systemik to układ nawleczonych na żyłkę kotwiczek, do którego przymocowuje się martwą rybę. Istnieją dziesiątki takich systemików, z których większość nieznacznie różni się od kilku podstawowych rodzajów. Systemik z martwą rybą dorównuje, a często przewyższa skutecznością najlepsze sztuczne przynęty. Można polecić go zwłaszcza w wodach, w których ryby przyzwyczaiły się już do błystek i przestały na nie reagować.

Kompletowanie sprzętu
Na naszych wodach z reguły wystarcza lekka lub średnia wędka spinningowa. Cięższy sprzęt potrzebny jest do połowu sumów lub przebywających na dużej głębokości ogromnych szczupaków. Rozróżnia się następujące rodzaje sprzętu do spinningu:

(1) Lekki sprzęt do spinningu
Wędzisko: lekki kij o długości 180–300 cm i największej masie wyrzutowej 15 g
Kołowrotek: mały o szpuli stałej – mieszczący co najmniej 100 cm żyłki o średnicy 0,20 mm
Żyłka: żyłka o średnicy 0,18–0,22 mm i wytrzymałości 2,5–3,5 kg, szpula wypełniona żyłką o długości co najmniej 60–80 cm
Przynęta: błystka obrotowa w kształcie łyżeczki wielkości 0-2 i błystka wahadłowa do 30 mm dłu-

gości, woblerki oraz miękkie przynęty o długości
2–5 cm

(2) Średni sprzęt do spinningu:
Wędzisko: kij spinningowy o długości 180–300
cm i największej masie wyrzutowej 20–40 g
Kołowrotek: średni kołowrotek o szpuli stałej,
mieszczący co najmniej 100 m żyłki o średnicy
0,30 mm
Żyłka: żyłka o średnicy 0,22–0,35 mm i wytrzymałości 3,5–8 kg; szpula prawie wypełniona żyłką
o długości co najmniej 80 do 100 m
Przynęta: błystka obrotowa w kształcie łyżeczki
wielkości 3–5, błystka wahadłowa i wobler o długości do 80 mm, systemik z martwą rybką, przynęty miękkie o długości do 12 cm

(3) Ciężki sprzęt do spinningu
Wędzisko: o długości 2,40–2,80 m i średniej akcji
Kołowrotek: mocny i duży o szpuli stałej mieszczący co najmniej 150 m żyłki o średnicy 0,40 mm
Żyłka: żyłka o średnicy 0,40–0,50 mm i wytrzymałości 10–17 kg; szpula wypełniona żyłką o długości co najmniej 150 m
Przynęta: duże błystki obrotowe w kształcie
łyżeczki, błystki wahadłowe i woblery powyżej
80 mm długości, systemiki z martwą rybką do 150
mm długości, rippery do 25 cm.

Właściwe zestawienie poszczególnych elementów sprzętu do spinningu jest niezwykle proste.
Kołowrotek mocuje się na wędce w specjalnym
uchwycie, przynętę najlepiej przymocować do
żyłki za pomocą podwójnego węzła (rys. 32),
a w miejscu ich połączenia umieszcza się krętlik.

Uwaga! Najważniejsza jest
dokładność rzutu, dopiero
potem odległość.

**Technika rzutu podczas połowu
spinningowego**
Przede wszystkim wędkarz musi nauczyć się posługiwania wędką wy-
posażoną w przelotki i kołowrotek

oraz wyczuwania ruchu wędki podczas rzutu. Rzuty spinningowe muszą być wprawdzie szybsze niż rzuty w wędkarstwie gruntowym, jednak zasady są takie same.

W wędkarstwie spinningowym najczęściej stosuje się rzut znad głowy i rzut boczny.

Rzut znad głowy. Jeżeli chcemy zarzucić przynętę celnie na dużą odległość, najlepiej wybrać rzut znad głowy. W takim przypadku wędka porusza się nad głową wędkarza w płaszczyźnie zgodnej z kierunkiem rzutu. Rzut znad głowy cechuje się celnością, ale tor lotu przynęty jest zwykle bardzo wysoki. W rezultacie wpada ona do wody z gło-

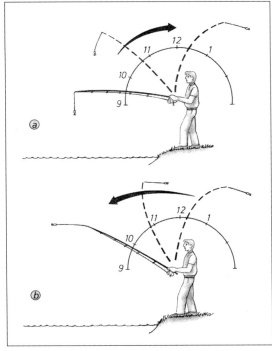

Rys. 58
Rzut znad głowy
(ilustracja zasady):
a) zamach wędką
do tyłu pionowo
nad głową;
b) zamach w przód
i zwolnienie żyłki
w położeniu wędki
na godzinie 10:00

śnym pluśnięciem. W miarę nabierania coraz większej wprawy udaje się tor lotu nieco spłaszczyć.

Przebieg ruchu: Wędkę ustawiamy w położeniu na godzinę 11:00, następnie zamaszystym ruchem pionowo nad głową przesuwamy ją w tył i zatrzymujemy w położeniu na godzinie 14:00. Kabłąk kołowrotka jest otwarty, a palcem wskazującym ręki wykonującej rzut przytrzymujemy żyłkę. Przynęta znajduje się około 20–30 cm od przelotki szczytowej i wraz z wędką pociągana jest do tyłu. Na chwilę zanim przynęta osiągnie największe wychylenie, wykonujemy mocny wymach do przodu, aż wędka znajdzie się w położeniu na godzinie 10:00. W takiej pozycji zatrzymujemy ją, a palcem wskazującym zwalniamy żyłkę i przynęta frunie do celu.

Odległość rzutu – drugi warunek celności obok kierunku – zależy od siły wyrzutu wędki w przód. Sprawdzony sposób na uzyskanie właściwej odległości polega na tym, by rzut wykonać nieco mocniej niż to konieczne, a następnie poprzez przyłożenie palca wskazującego do żyłki wysuwającej się ze szpuli tak hamować jej przebieg, aby przynęta wpadła do wody dokładnie w wybranym miejscu.

Rzut boczny. W wędkarstwie spinningowym wykonywany jest co najmniej tak często, jak rzut znad głowy.

Rys. 59
Rzut boczny
(ilustracja zasady)

Zarówno początkującym, jak i wielu zaawansowanym wędkarzom niełatwo jest czysto i precyzyjnie wykonać taki rzut, dlatego warto go wytrwale ćwiczyć. Bywa, że tylko rzut boczny umożliwia łowienie w zbiornikach, których brzegi porośnięte są gęsto drzewami lub też występują innego rodzaju przeszkody. Musi być wykonany pod przeszkodą. Powoduje to płaski tor lotu żyłki. Dokładność rzutu zależy przede wszystkim od tego, kiedy palcem wskazującym ręki wykonującej rzut zwolnimy żyłkę, aby mogła się wysuwać z kołowrotka. Ustalenie tego momentu wymaga dobrego wyczucia. Jeżeli, wyrzucając przynętę w przód, zbyt wcześnie zwolnimy żyłkę, przynęta opadnie na prawo od celu, jeżeli zbyt długo będziemy zwlekali – opadnie z lewej strony.

Przebieg ruchu. Płaszczyzna ruchu w tym przypadku znajduje się pod kątem 90°C w stosunku do rzutu znad głowy. W pozycji wyjściowej szczyt wędki skierowany jest na cel, a kołowrotek jest przygotowany do rzutu. Wędkę przesuwamy bokiem do tyłu. Gdy pod palcem poczujemy napięcie żyłki z przynętą, robimy wymach wędką w przód i kończymy go na 30–40° przed położeniem wyjściowym,

Siłę tego rzutu można ocenić po wygięciu wędziska do tyłu.

zwalniając jednocześnie żyłkę. Podczas wymachu czubek wędki przesuwa się skośnie ku górze.

Rzut boczny można porównać do forhendu i bekhendu podczas gry w tenisa.

Istnieją różne odmiany obu wymienionych rodzajów rzutu. W praktyce rzadko można zobaczyć rzuty wykonywane w tak czystej formie, jak przedstawiają to podręczniki. Rozmaitość warunków panujących nad wodą szybko zmusza do improwizacji i świadczy o tym, że znajomość dwóch rodzajów rzutów jest niewystarczająca. Jeżeli jednak przyswoimy sobie podstawowe zasady rzutu wędką spinningową, sami znajdziemy niezbędne warianty. W każdym przypadku ćwiczenie czyni mistrza.

Taktyka wędkarstwa spinningowego

Połów szczupaków na spinning

Na stronie 93 opisaliśmy, gdzie można spotkać szczupaka i jakie są jego zwyczaje podczas żerowania.

Szczupaka można łowić na spinning przez cały sezon wędkarski, ale są okresy, gdy bardziej lub mniej chętnie bierze na sztuczną przynętę.

Wiosną dobre są pierwsze tygodnie po upływie okresu ochronnego i od wczesnej jesieni do końca grudnia. W maju szczupak łatwiej daje się łowić na błystki, woblery i inne przynęty spinningowe, ponieważ podczas okresu ochronnego „zapomniał" o ostrożności. Jesienią sytuacja jest inna. Organizmy żyjące pod wodą zaczynają przystosowywać się do zimnej pory roku, grupując się w większe stada. Szczupaki wykorzystują te zgrupowania, intensywnie żerując przed zbliżającą się zimą oraz zapewniając sobie prawidłowy i szybki rozwój gonad (ikry i mlecza).

Latem szanse na złapanie szczupaka rosną

> Podczas połowu spinningowego przynętę zarzucamy najpierw blisko brzegu, a następnie stopniowo sięgamy bardziej odległych miejsc.

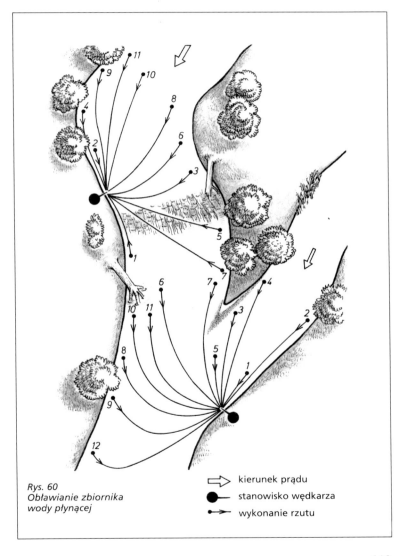

Rys. 60
Obławianie zbiornika
wody płynącej

⇨ kierunek prądu

● stanowisko wędkarza

•→ wykonanie rzutu

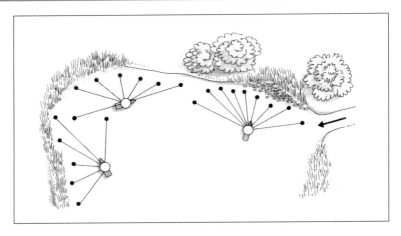

Rys. 61
Obławianie strefy
przybrzeżnej jeziora
z łodzi metodą
wachlarzową

Po prawej: Mniej-
sze, zmęczone
holowaniem
szczupaki przy
odrobinie wprawy
można wyciągnąć
z wody, chwytając
je u nasady głowy.

w chłodne i wietrzne dni, zaś od października do końca roku korzystniejsza jest łagodna pogoda.

Do połowów spinningowych na sztuczne przynęty, zwłaszcza na błystki, potrzebny jest *średni* sprzęt. Jedynie wówczas, gdy wybieramy się na spotkanie z wielkim szczupakiem, zabieramy sprzęt cięższy. Sam wiele razy widziałem, jak średnią wędką i żyłką 0,30 mm bez żadnego problemu łowiono szczupaki ważące ponad 10 kg.

Trudno powiedzieć, jaka *przynęta* jest najlepsza. Wybór jej wielkości, kształtu i barwy zależy od zbiornika, na jakim zamierzamy łowić. Zwykle wystarczają trzy lub cztery modele.

Latem przynętę prowadzi się na średniej głębokości, jesienią w pobliżu dna. W celu zainteresowania ryby stosuje się różne sztuczki, na przykład przynętę ciągnie się poziomo tak, aby wykonywała tańczące ruchy lub na zmianę podciąga ją i opuszcza. Przynęta powinna imitować łatwą do złowienia rybkę, dlatego nie należy prowadzić jej zbyt szybko nad dnem lub – tym bardziej – tuż pod

Po każdym szarpnięciu podczas zwijania żyłki trzeba wykonać zacięcie. To może być branie!

powierzchnią wody, chyba że polujemy na powierzchniowo żerujące bolenie.

Jeżeli woda w pobliżu brzegu jest wystarczająco głęboka, najpierw tutaj zarzucamy wędkę. Szczupaki często mają swoje stanowiska przy samym brzegu, w miejscach wypłukanych przez wodę lub w faszynie. Lubią też przebywać w kępach trzcin i tataraku od strony jeziora. Tam najlepiej łowić z łodzi, przy czym przynętę trzeba zarzucać możliwie blisko trzcin. Warto systematycznie obławiać miejsca, gdzie dno w jeziorach gwałtownie opada, gdyż szczupaki chętnie czyhają tu na ofiarę.

Łowienie na głębokich otwartych wodach nie ma większego sensu, gdyż szczupak trafia tu tylko przypadkiem.

Wędkarze znaleźli sposób na szczupaka uodpornionego na błystki. Jak wcześniej wspomniałem, lato jest niezbyt atrakcyjną porą dla wędkarzy spinningowych. Nie muszą oni rezygnować z połowów, jeżeli posłużą się odpowiednią przynętą – *martwą rybką na systemiku*. Sam najchętniej stosuję systemik składający się z drutu o długości 6–8 cm, na końcu którego umieszczona jest duża kotwiczka. Na drugim końcu znajduje się uchwyt. Za pomocą specjalnej igły drut przeciąga się przez ciało martwej rybki od ogona w kierunku głowy, a następnie drut lekko zgina, przez co ciało ryby też uzyskuje lekko wygięty kształt. Dzięki temu przynęta wykonuje w wodzie ruch symulujący zachowanie chorej, a więc łatwej do upolowania rybki. Do uchwytu z przodu przynęty można przymocować dodatkową kotwiczkę czołową.

Systemik z martwą rybką prowadzimy pod wodą bardzo wolno, wykonując nim lekko tańczące lub zygzakowate ruchy. Co jakiś czas opuszczamy go na dno, a następnie podciągamy pół metra do góry.

Jeżeli łowimy na martwą rybę (to samo dotyczy woblerów i dużych ripperów), trzeba użyć mocnej

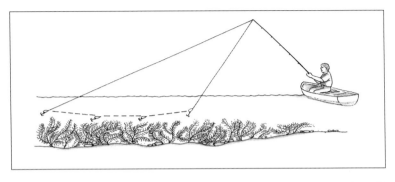

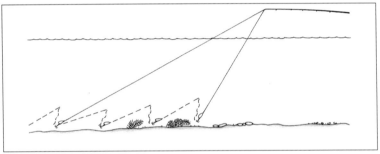

wędki z żyłką o średnicy co najmniej 0,35 mm. Tak duża moc zestawu nie jest potrzebna, gdy używamy błystek.

Skąd ta różnica? Aby odpowiedzieć na to pytanie, musimy sobie wyobrazić, w jaki sposób ryba bierze różne rodzaje przynęty. Biorąc *błystkę wahadłową lub obrotową*, ryba zazwyczaj bezpośrednio dotyka haczyka, gdyż nie może utrzymać w pysku gładkiego metalu. Wystarczy lekkie szarpnięcie, a przynęta przesuwa się w pysku ryby i haczyk zwykle się zaczepia. Czasem haczyk potrafi utkwić w ciele ryby bez właściwego zacięcia, nie należy jednak z niego całkowicie rezygnować.

U góry: rys. 62
Prowadzenie przynęty w środkowej strefie wody

U dołu: rys. 63
Prowadzenie przynęty po dnie

W przypadku połowu *na martwą rybę lub wobler* zęby drapieżnika zagłębiają się w przynęcie. Zacięcie o przeciętnej sile nie powoduje przesunięcia przynęty. Haczyk zaczepia się dopiero po ponownym zacięciu albo wcale.

W ten sposób między innymi można wytłumaczyć częste niepowodzenia w połowach z przynętą w postaci martwej ryby lub woblera. Stosując tego rodzaju przynętę, koniecznie trzeba wykonać bardzo mocne zacięcie, dlatego niezbędna jest mocniejsza wędka i żyłka o grubości co najmniej 0,35 mm. Dopiero połączenie mocnego wędziska z mniej rozciągliwą, grubszą żyłką pozwala skutecznie zaciąć szczupaka.

Holowanie i lądowanie wykonuje się zgodnie z opisem zamieszczonym na stronie 95.

Połów okoni na spinning

Dla wielu wędkarzy okoń stanowi przypadkową zdobycz przy okazji połowu szczupaka. Poza tym nie interesują się połowem tej wspaniałej ryby. Każdy, kto choć trochę zna zwyczaje okonia, wie, że niełatwo jest złowić na spinning większy okaz, gdyż ryba ta jest bardzo kapryśna.

Okoń reaguje na *przynętę* w zależności od ilości światła. Latem najlepiej bierze o brzasku. Gdy się rozjaśni, brania zwykle nagle ustają i zaczynają się ponownie o zachodzie słońca. Od października do grudnia sytuacja jest odwrotna: okoń szczególnie dobrze bierze w jasne, słoneczne dni około południa. Oczywiście żerowanie okoni zależne jest również od innych czynników. Dobrych brań można spodziewać się nawet w upalne letnie południe, jeśli tylko powierzchnia wody zostanie mocno sfalowana silnym wiatrem. Poza tym skuteczny będzie wędkarz stale szukający okoni, które przemieszczają się za stadami stynki i uklei. Wówczas może się okazać, że okonie biorą przez cały dzień, ale o każdej porze w innych miejscach. Na jeziorach doświadczeni

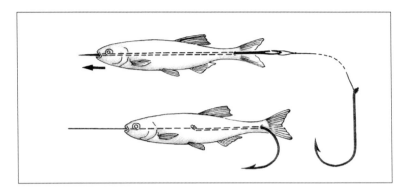

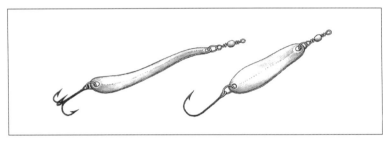

wędkarze obserwują zachowanie mew, które bezbłędnie pokazują stada pływających okoni.

Do połowu okoni potrzebny jest lekki sprzęt spinningowy. Wędka powinna być miękka, aby można było ostrożnie i z wyczuciem holować rybę, gdyż haczyk bardzo łatwo wyślizguje się z jej pyska. Do połowu okoni wystarczy dobra żyłka o średnicy około 0,20 mm. Zapewnia ona wystarczający komfort łowienia, pozwala wyholować największego okonia i ewentualny przyłów w postaci średniego szczupaka lub sandacza.

Małe błystki obrotowe, wahadłowe i twistery to sprawdzona przynęta. Skuteczne są również systemiki z martwą rybką i niewielkie 4-6 cm woblerki.

U góry: rys. 64
Martwa rybka
na pojedynczym
haczyku jest dosko-
nałą przynętą
na okonia

U dołu: rys. 65
Mały pilker
do połowu okonia

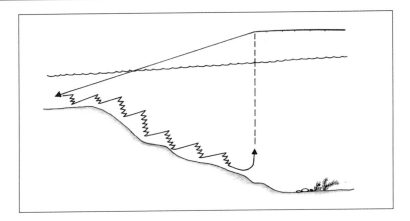

U góry: rys. 66
Prowadzenie
pilkera po stoku
z łodzi

U dołu: rys. 67
Prowadzenie
pilkera w pionie
z łodzi.

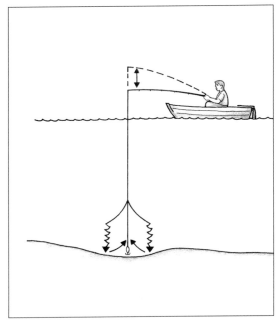

Błystki obrotowe i wahadłowe zarzucamy i czekamy, aż opadną na dno. Gdy przynęta znajdzie się na dnie, żyłka wiotczeje. Teraz włącza się do działania lekki kołowrotek o szpuli stałej i miękko ustawionym hamulcu. Szczyt wędki prawie dotyka lustra wody. Przynętę prowadzimy powoli nad dnem. Małe zmiany tempa, opuszczanie przynęty na dno, poruszanie szczytem wędki lekko na boki zwiększają skuteczność przynęty. Branie okonia łatwo odróżnić od brania innych ryb. Polega ono na kilkakrotnym krótkim szarpnięciu. Gdy szczytówka mocniej się przygnie, trzeba wykazać niezbyt mocne zacięcie.

Jeżeli łowimy okonia *na martwą rybę na systemiku*, przynętę podciągamy bardzo powoli tuż nad dnem. Gdy wyczujemy najlżejsze branie, przestajemy ściągać żyłkę i otwieramy kabłąk kołowrotka, aby w razie potrzeby popuścić żyłkę. Okoń potrzebuje trochę czasu, aby połknąć przynętę. Gdy zacznie odpływać, wykonujemy odpowiednio silne zacięcie.

Okonie często przebywają tak głęboko, że opisana taktyka nie zdaje egzaminu. W takich przy-

Połów okonia lekką wędką spinningową z zakotwiczonej łodzi.

padkach skuteczniejsza jest niewielka główka jigowa z twisterem. Ten rodzaj przynęty nawet na większych głębokościach można prowadzić względnie poziomo.

Do połowów na większych głębokościach odpowiedni jest również mały *pilker*. Tę metalicznie błyszczącą przynętę zarzuca się zwykle z łodzi. Trzeba poczekać, aż opadnie na dno, a następnie ciągnąć ją krótkimi, szybkimi ruchami. Od czasu do czasu powtarzamy opuszczanie pilkera na dno. Przynęta wykonuje charakterystyczne zygzakowate ruchy, które często wabią rybę (rys. 66). Jeżeli pilker znajdzie się w położeniu pionowym pod łodzią, należy go wyciągnąć i ponownie zarzucić. (*Zgodnie z polskimi przepisami łowienie w wodach śródlądowych przez podnoszenie i opuszczanie przynęty w pionie jest zabronione*). Gdy okoń weźmie, poczujemy szarpnięcie. W tym momencie wykonujemy zacięcie o umiarkowanej sile i szybko holujemy rybę na powierzchnię.

Podczas *holowania* okonia należy pamiętać, że nawet głęboko tkwiący haczyk łatwo się wyślizguje. Rybę wyciągamy z wody podbierakiem.

Połów boleni na spinning
Boleń, wspaniała ryba z rodziny karpiowatych, należy do najcenniejszych wędkarskich zdobyczy. Jest bardzo silna, jej ciało kształtem przypomina torpedę. Zdarzają się osobniki o masie ciała do 10 kg.

Tę drapieżną rybę o rosnącym z wiekiem apetycie wędkarze nazywają „odrzańskim łososiem", chociaż można ją spotkać nie tylko w dolnym i środkowym biegu Odry, ale również we wszystkich większych rzekach w Polsce. Walecznością przypomina króla ryb – łososia.

Boleń jako typowa ryba żyjąca tuż pod powierzchnią wody wybiera odcinki o wyraźnym prądzie, gdzie zdobywa pokarm. W pierwszym roku życia wystarczają mu robaki, owady, ślimaki i inne drobne organizmy. Jako podrostek zaczyna

Rys. 68
Najprostsza ołowianka

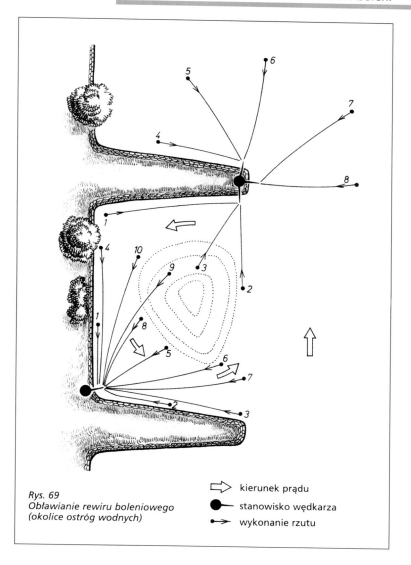

Rys. 69
*Obławianie rewiru boleniowego
(okolice ostróg wodnych)*

⇨ kierunek prądu

● → stanowisko wędkarza

•→ wykonanie rzutu

Ten ważący 3 kg boleń dał się złapać na prowadzoną szybko tuż pod powierzchnią wody srebrną błystkę wahadłową.

atakować inne ryby. Szeroko rozcięty pysk zdradza *drapieżny charakter* tej zielonkawoszarej na grzbiecie, a niebieskosrebrzyście na bokach ubarwionej ryby.

Na początku maja, po zakończeniu tarła, zaczyna się najlepszy okres połowu boleni i trwa aż do października. W ciepłe, letnie wieczory bolenie już z oddali zdradzają swoją obecność widowiskowymi, powierzchniowymi atakami. Często polują całym stadem, osaczając ławice mniejszych ryb. Jest to najlepszy moment, by przystąpić do połowu. Najlepiej użyć do tego celu *srebrzystej błystki obrotowej* w kształcie łyżeczki o wielkości 1–2, *błystki wahadłowej* w kształcie lancetu o długości 60-80 mm, ołowianki lub przynęt gumowych w naturalnych kolorach.

Zwykle dobre efekty przynosi szybkie prowadzenie przynęty tuż pod powierzchnią wody. Żarłoczne bolenie często biorą już w pierwszym lub drugim rzucie.

Jedną z najskuteczniejszych błystek do połowu boleni jest *ołowianka*, czyli przynęta wykonana z wąskiego paska ołowiu, w naturalnym kolorze metalu. Ze względu na masę wynoszącą 10-30 g można ją bardzo daleko zarzucać, co jest korzystne, ponieważ bolenie często żerują dość daleko od brzegu.

Przynętę zarzucamy za stanowiskiem ryb i szybko ściągamy, trzymając wysoko uniesioną wędkę. Nie należy się martwić, że ryba nie zdąży pochwycić mknącej pod lustrem wody przynęty. Bolenie są doskonałymi pływakami – świetnie sobie z tym radzą.

Boleń to znakomity pływak. Pochwyci każdą, nawet najszybciej prowadzoną przynętę.

Jeżeli nie widać żerujących boleni, trzeba łowić po omacku, tzn. zarzucać przynętę w miejscach, gdzie przypuszczalnie mogą się znajdować. Są to okolice ostróg wodnych, jazów, zakręty rzek i inne miejsca, gdzie woda załamuje się na różnych konstrukcjach wodnych i przeszkodach. Do połowu używamy wędki spinningowej z żyłką o średnicy 0,20–0,25 mm. Przynętę prowadzimy na średniej głębokości lub tuż pod powierzchnią wody.

Bolenie biorą energicznie, szarpnięcie wyczuwa się nawet nadgarstkiem. Zacięcie o średniej sile zwykle wystarcza, by haczyk utkwił w pysku ryby. Żyjąc blisko powierzchni, boleń nie będzie próbował schronić się na dnie lub wśród podwodnych przeszkód, ale jego dalekie ucieczki wymagają bardzo precyzyjnego ustawienia hamulca na wędce.

Holowanie musi trwać tak długo, aż zmęczona ryba podda się i, leżąc na boku, pozwoli się przyciągnąć do brzegu. Wyjmujemy ją za pomocą dużego podbieraka.

Wędkarstwo muchowe

Wędkarstwo muchowe to sposób połowu polegający na podawaniu rybie na powierzchnię lub pod powierzchnię wody sztucznej przynęty – zazwyczaj imitacji owada w różnych fazach rozwoju – za pomocą wędziska i specjalnego sznura muchowego.

W odróżnieniu od rozdziałów poświęconych wędkarstwu gruntowemu i spinningowemu ta część poradnika nie będzie zawierała wskazówek na temat połowu. Przedstawię w niej najważniejsze informacje o metodzie, słusznie uważanej za trudną, za pomocą której można łowić obok licznych gatunków pstrągów również ryby spokojnego żeru i drapieżniki. Nie oznacza to

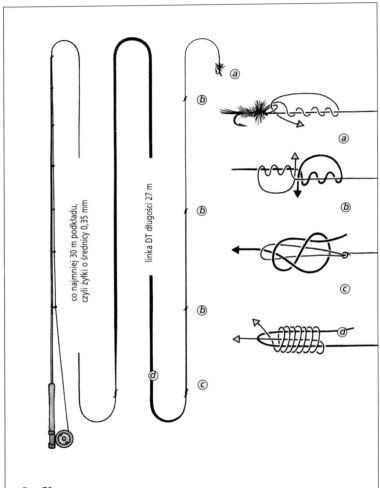

Rys. 70
Złożona wędka muchowa (schemat): a) węzeł muchowy (wedg); b) węzeł baryłkowaty lub zderzakowy; c) węzeł flamandzki; d) węzeł backing (pętla)

wcale, że wędkarstwa muchowego nie może uprawiać „zwykły śmiertelnik". Mimo iż metoda ta pod wieloma względami wymaga od wędkarza i sprzętu znacznie więcej umiejętności niż wcześniej opisane sposoby łowienia, może się jej nauczyć każdy, kto będzie miał na to ochotę.

Aby lepiej zapoznać się z wędkarstwem muchowym, trzeba skorzystać z dodatkowej literatury. Nie powinno to sprawić trudności, gdyż w bibliotekach znajduje się sporo publikacji na ten temat.

Wędkarstwo muchowe dzieli się na cztery dyscypliny.

(1) Podczas połowu *na suchą muszkę* używa się przynęty utrzymującej się na powierzchni wody. Imituje ona owada, który przed chwilą przeobraził się z nimfy, dorosłego owada składającego jaja na powierzchni wody, ginącego lub martwego owada unoszonego prądem. Przynęta unosi się na wodzie i nie zanurza w niej. Stąd określenie sucha muszka.

(2) Połów *na mokrą muszkę* to taka forma wędkarstwa muchowego, w której przynęta znajduje się pod powierzchnią wody. Nie jest ważne, czy znajduje się tuż pod lustrem, w głębszych warstwach, czy też na dnie.

Mokre muszki imitują owada w różnych fazach rozwoju.

(3) Połów *na nimfę* pod wieloma względami przypomina połów na mokrą muszkę, jest jednak odmienną i ostatnio bardzo rozpowszechnioną formą wędkarstwa muchowego. Przynętę stanowi możliwie wierna kopia żyjących na dnie na kamieniach, roślinach wodnych i w innych miejscach larw owadów w ostatnim stadium rozwojowym, czyli nimf. Sposób prezentacji, jak również okoliczności, w jakich ryby biorą ten rodzaj przynęty, jest inny niż w przypadku połowu na mokrą muszkę.

> Wędkarstwo muchowe to wprawdzie „wysokie C" sztuki wędkarskiej, może się go jednak nauczyć każda zainteresowana osoba.

Naturalne warunki życia owadów wymagają, aby sztuczna nimfa była prowadzona przy dnie. (4) Połów *na streamer.* Streamery naśladują drobne rybki i inne zwierzęta stanowiące pokarm dla ryb. Charakterystyczny jest specjalny sposób wiązania przynęty, którą prowadzi się pod wodą szarpnięciami z przerwami.

W wędkarstwie gruntowym i spinningowym zestaw udaje się zarzucić dzięki własnemu ciężarowi spławika, ciężarka i przynęty. Inaczej jest w wędkarstwie muchowym. Ważąca setne części grama sztuczna muszka musi sprawiać wrażenie, że swobodnie unosi się na wodzie lub pod jej powierzchnią. Aby osiągnąć taki efekt, obciążenie podczas rzutu musi znajdować się poza przynętą. Stanowi je specjalna linka – nazywana sznurem muchowym. Odpowiednie dobranie wędki, sznura i techniki rzutu umożliwia właściwe zarzucenie przynęty.

Sprzęt do połowu muchowego składa się z przynęty, przyponu, sznura muchowego, podkładu pod sznur, kołowrotka i wędki muchowej.

Wędki muchowe. Dzielą się one na lekkie (170–225 cm długości, klasa AFTMA 4 i lżejsze), średnie (225–260 cm długości, klasy AFTMA 5–6) i ciężkie (ponad 270 cm długości, klasa AFTMA 7 i cięższe).

Wędki muchowe powinny być lekkie, a zarazem bardzo sprężyste, dlatego obecnie do ich budowy używa się niemal wyłącznie *włókna węglowego*, które w zasadzie całkowicie wyparło włókno szklane. Widmo węglowe ma szczególne właściwości, jeśli zważyć, że wykonuje się z niego na przykład śmigła do helikopterów.

Wędziska muchowe z reguły składają się z dwóch części, lecz spotyka się także kije podróżne nasadowe lub teleskopowe złożone z większej liczby krótszych elementów. Cechą

charakterystyczną cienkiej, zaopatrzonej w małe przelotki wędki jest z pozoru dziwnie wyglądająca kombinacja rękojeści i uchwytu kołowrotka. Kołowrotek, nie licząc ciężkich wędek dwuręcznych do połowu łososi, zamontowany jest za rękojeścią wędziska.

Lekkie muchówki często mają pierścienie do mocowania kołowrotka, podczas gdy średnie i ciężkie modele zwykle wyposażone są w uchwyty śrubowe.

Kołowrotek muchowy. Nie jest potrzebny do zarzucania muszki. Pełni jedynie funkcję magazynka, sznura i podkładu, gdyż wędkarz wysuwa tylko tyle żyłki z kołowrotka, ile potrzebuje. Istnieją dwa podstawowe rodzaje kołowrotków: klasyczny i automatyczny.

Kołowrotek automatyczny z powodu znacznej masy wynoszącej 200–300 g jest rzadko używany. W rezultacie kołowrotków takich prawie się nie produkuje i rzadko można je spotkać w sklepach.

Kołowrotki klasyczne występują zwykle jako kołowrotki bez przekładni oraz rzadsze w sprzedaży multiplikatory. Ważne jest, aby kołowrotek muchowy umożliwiał bardzo ostrożne zwijanie, magazynowanie i rozwijanie drogiej i podatnej na uszkodzenia linki. Nie może się ona ocierać o żadną część kołowrotka, zaczepiać lub zwijać zbyt ciasno.

Rys. 71
Prosty kołowrotek
muchowy

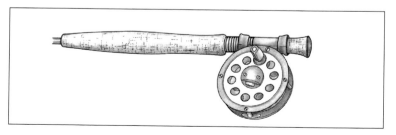

Linka muchowa. Obecnie linki te są wykonane ze sztucznego tworzywa. Pleciony rdzeń z włókna sztucznego okrywa płaszcz z tworzywa, którego rodzaj decyduje o ciężarze, zachowaniu i kształcie linki.

Przy okazji omawiania wędek muchowych pojawiło się pojęcie klasyfikacji AFTMA. System AFTMA stosowany jest w świecie do oznaczania różnych rodzajów linek. Do niedawna wyróżniano 12 klas AFTMA, przy czym klasa 1 oznacza linki najlżejsze, a klasa 12 najcięższe. Podstawą systemu AFTMA jest masa 9,15 m (30 stóp) linki. Linki od klasy 1 do 4 uznaje się za lekkie, klasy 5 i 6 za średnie, a powyżej klasy 7 za ciężkie. Linki od klasy 10 uważane są za bardzo ciężkie i wymagają wyjątkowo mocnych wędzisk.

Połów muchowy w słonej wodzie wymaga użycia ciężkiego sprzętu powyżej klasy 12. Do tego rodzaju połowów wprowadzono również klasy 13–15. Wraz z powstawaniem coraz to lepszych materiałów obserwuje się tendencję do rozszerzania klasyfikacji. Linka bardzo lekkiej klasy 1 stopniowo zastępowana jest przez jeszcze lżejszą, należącą do klasy 0.

Technika rzutu w wędkarstwie muchowym wymaga dokładnego zgrania ciężaru linki z parametrami wędziska i kołowrotka. Trzeba stale zwracać uwagę na to, by na przykład dla muchówki średniej klasy 5 dobrać linkę tej samej klasy, a nie klasy 3 lub 8.

Funkcja linki zależy od jej specyficznego ciężaru i nie ma nic wspólnego z wspomnianym wcześniej ciężarem rzutu.

Istnieją tak zwane *linki suche* (pływające). W materiale, z którego zostały wykonane, znajdują się małe pęcherzyki powietrza, które sprawiają, że linki te są lżejsze od wody i unoszą się na powierzchni (floating, oznaczenie „F").

Ich przeciwieństwem są *linki mokre* (tonące), w tworzywie których umieszczono materiały sta-

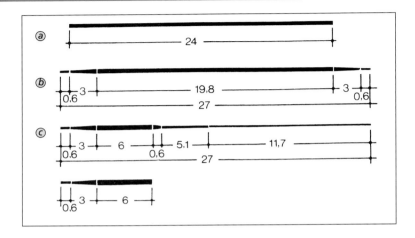

Rys. 72
Linki muchowe:
a) równej
szerokości (L);
b) podwójnie
zwężana (DT);
c) pałkowata (WF)

nowiące balast. Powoduje on, że żyłka jest cięższa od wody i tonie (sinking, oznaczenie „S").

Wymienić też trzeba linki specjalne, jak unoszące się pod powierzchnią wody (intermediate, oznaczenie „I") i linki pływające, których fragmenty są cięższe i zanurzają się w wodzie (floating/sinking, oznaczenie „F/S").

Ze względu na kształt rozróżnia się linki o takiej samej średnicy na całej długości wynoszącej 24 m (level, oznaczenie „L"). Jest to najtańsza linka, doskonale nadająca się do pierwszych prób połowu muchowego.

Żyłka podwójnie zwężona (double taper, oznaczenie „DT") jest najczęściej używana. Zwęża się na obu końcach, dzięki czemu łatwiej ją połączyć z przyponem i można lepiej – bardziej miękko i celnie – zaprezentować przynętę. Linka double taper ma 27 m długości. Przynętę można zamocować z obu stron.

Linki pałkowate (weight forward, oznaczenie „WF") są najgrubsze w przedniej części, więc środek ciężkości mają przesunięty do przodu. Dzięki temu nadają się do wykonywania dalekich rzutów. Dalsza część składa się z dwóch odcinków jednolitej linki o różnej grubości. Całkowita długość linki wynosi 27 m.

Linka zapasowa. Podkład („backing") ma co najmniej 30 m długości, około 0,35 mm średnicy. Jest połączony z linką muchową i stanowi rezerwę na wypadek, gdyby podczas holowania linka okazała się zbyt krótka.

Przypon. Jego zadaniem jest takie podanie muszki rybie, aby nie zauważyła podstępu. Przypon zwykle jest o półtorej do dwóch długości rękojeści krótszy od długości muchówki. Zazwyczaj powiązany jest z resztek żyłki różnej grubości i długości. Używane są również przypony bez węzłów zwężające się ku końcowi. Żyłka zwęża się w kierunku muszki i na końcu osiąga grubość 0,10 mm lub mniej. Nie ma ogólnych reguł co do konstruowania przyponu. Trzeba brać pod uwagę zarówno warunki panujące na konkretnym zbiorniku wodnym, zwyczaje ryb, jak i przyzwyczajenia wędkarza.

Przynęta muchowa. Powszechnie używa się też nazwy „muszka", jakkolwiek słowo to nie ma wiele wspólnego z zoologią. Pod tym pojęciem wędkarz rozumie imitacje zarówno owadów w różnych fazach rozwoju, jak i drobnych zwierząt, ślimaków, kiełży i małych rybek. Istnieją tysiące różnych modeli muszek. W praktyce wykorzystuje się zaledwie kilkadziesiąt.

W bardzo dużym uproszczeniu ten rodzaj przynęty można podzielić na suche muszki, mokre muszki i pozostałą przynętę muchową.

Suche muszki mogą mieć przyczepione same piórka albo dodatkowo też skrzydełka (rys. 73). Do pierwszej grupy zalicza się muszki z piórkami w kształcie kryzy, palmery i spidery. Drugi rodzaj

*Rys. 73
Suche muszki:
a) muszka z piórkami w kształcie kryzy; b) palmer;
c) spider; d) muszka ze stojącymi skrzydełkami; e) muszka z rozpostartymi skrzydełkami (spent); f) muszka ze złożonymi skrzydełkami (sedge)*

to muszki ze skrzydełkami stojącymi, rozpostartymi (spent) i złożonymi (sedge).

Mokre muszki dzielą się na wyposażone w piórka lub skrzydełka, nimfy i streamery (rys. 74). Naśladują owady w różnych fazach rozwoju, żyjące w wodzie, takie, które wpadły do wody lub inne żywe organizmy.

Istnieją też – nie wszędzie dozwolone – niemal wierne kopie dżdżownic, larw jętki jednodniowej, chrabąszczy, koników polnych, ważek, raków itp., wykonane z miękkiej gumy (rys. 75).

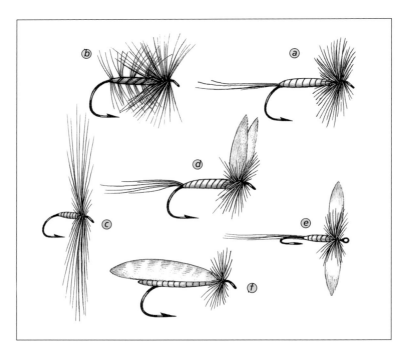

Rys. 74
Mokre muszki: a) muszka z piórkami; b) muszka ze skrzydełkami;
c) muszka z wiązką kolorowych piór; e, f, g) nimfy (buzzer, pheasant tail,
killer bug); h) streamer

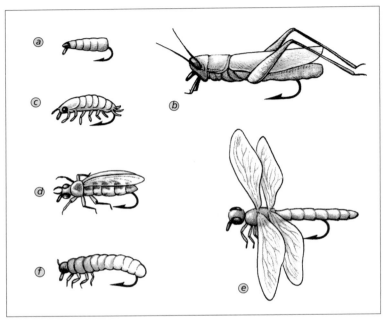

Rys. 75
Pozostałe rodzaje przynęty muchowej: a) biały robak; b) konik polny; c) kiełż;
d) osa; e) ważka; f) larwa chruścika

Doskonała imitacja osy (z lewej)
i komara (z prawej)

Technika rzutu. Powodzenie podczas połowu muchowego w dużym stopniu zależy od opanowania sprzętu podczas wykonywania rzutu. Przynętę trzeba umieścić w pobliżu ryby tak, by nie wzbudzić podejrzeń. Wszystko musi wyglądać „naturalnie", jakby w wodzie znajdował się prawdziwy owad.

Do skutecznego zarzucenia wędki konieczne jest współgranie odpowiednio dobranej wędki i linki.

Przed opisem tzw. *rzutu znad głowy*, konieczna jest przestroga: Po przeczytaniu kolejnych linijek tej książki nie próbujcie wziąć do ręki wędki i wykonać pierwszy rzut! Już jedna próba wystarczy, by nieodwracalnie przyswoić sobie niewłaściwy ruch lub inne błędy.

Każdy, kto chciałby nauczyć się techniki rzutu, powinien skorzystać z pomocy nauczyciela. Bez niej nikt – może z wyjątkiem nielicznych samorodnych talentów – nie osiągnie niczego więcej poza przeciętną umiejętnością obchodzenia się z wędką muchową.

Ruch znad głowy składa się z kilku faz.

Pozycja wyjściowa: Dłonią wyciągamy przez przelotki linkę równą 2–3 długości wędki. Wyciągnięta linka powinna leżeć na wodzie w miarę możliwości rozprostowana. Wędkę ustawiamy w pozycji na godzinie 9:0. Ręką wykonującą rzut mocno obejmujemy wędkę, nie ściskając jej kurczowo, a drugą dłonią przytrzymujemy linkę między kołowrotkiem a najbliższą przelotką.

Układ widocznej na pierwszym planie żółtej żyłki wyraźnie wskazuje, że rzut wędką muchową jest wyjątkowy.

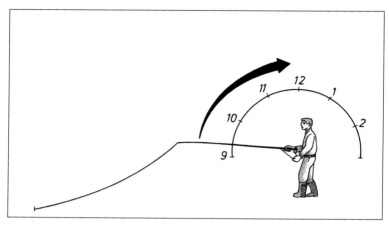

Rys. 76
Rzut znad głowy: pozycja wyjściowa

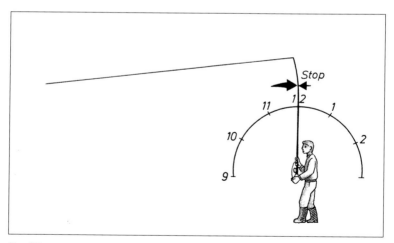

Rys. 77
*Rzut znad głowy: zatrzymanie w pozycji na godzinie 12:00 – wędka stoi, linka
mknie w kierunku wędkarza.*

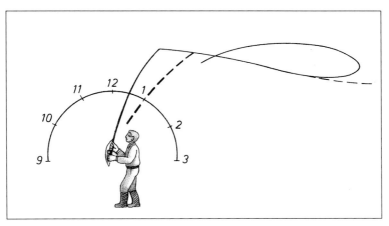

Rys. 78
Rzut znad głowy: po zatrzymaniu w pozycji na godzinie 12:00, linka frunie do tyłu; wędkę pochylamy do pozycji na godzinie 1:00 – linka jest wyciągnięta do tyłu

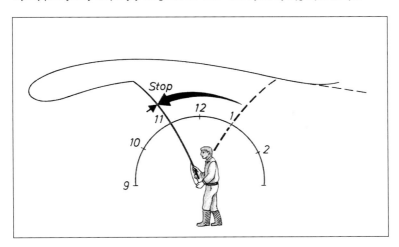

Rys. 79
Rzut znad głowy: zatrzymanie w pozycji na godzinie 11:00 – linka frunie do przodu

145

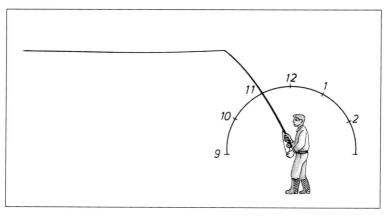

Rys. 80
Rzut znad głowy: koniec wymachu do przodu – linka jest wyciągnięta w przód

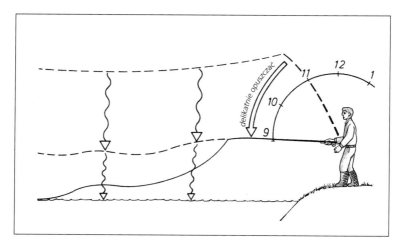

Rys. 81
Rzut znad głowy: faza opuszczania – wędkę opuszczamy do pozycji
na godzinę 9:00 – wyciągnięta linka razem z przyponem i muszką łagodnie
opada na wodę

Przebieg ruchu: Wędkę szybko przenosimy w położenie na godzinę 12:00. Szczytówka wędki podrywa linkę z wody i pociąga za sobą. Gdy wędka osiągnie godzinę 12:00, zatrzymujemy ją (rys. 77), a następnie odchylamy do pozycji na godzinę 1:00. Po zatrzymaniu linka błyskawicznie przelatuje nad głową wędkarza w tył i wyprostowuje się. Na tym kończymy wymach do tyłu (rys. 78).

Jest to punkt wyjścia do wykonania wymachu do przodu, który musimy rozpocząć, zanim wyprostowana linka, znajdująca się z tyłu, upadnie na ziemię. Podczas wykonywania wymachu do przodu wędkę zamaszyście przesuwamy z pozycji na godzinie 1:00 do pozycji na godzinę 11:00 i ponownie zatrzymujemy (rys. 79). Linka ciągnięta przez szczyt wędki frunie do przodu i wyprostowuje się (rys. 80). Od tego momentu zaczynamy następne wymachy do tyłu.

Pokaźny pstrąg tęczowy – to prawdziwa pasja ...

Uwaga! Każdy, kto bez pomocy doświadczonego wędkarza próbuje samodzielnie wykonywać pierwsze rzuty, może utrwalić trudne do skorygowania złe nawyki.
Nie uczmy się sami!

Linkę wydłużamy zwykle pod koniec wymachu do przodu, można to również zrobić pod koniec wymachu do tyłu. Ręką przytrzymującą wypuszczamy około 1 m linki wówczas, gdy linka znajdująca się przed wędką właśnie się wyprostowała w powietrzu, ale ma jeszcze tyle energii, by pociągnąć przez przelotki uwolniony dalszy kawałek.

Jeżeli, na przykład, chcemy wykonać rzut do celu odległego o około 15 m, konieczne jest kilkakrotne przedłużanie linki podczas jej lotu w powietrzu, co oznacza potrzebę wykonania kilku wymachów w przód i w tył, zanim opuścimy linkę na wodę.

Gdy wypuściliśmy już dostatecznie dużo linki, by muszka osiągnęła cel, jeszcze raz poprawiamy kierunek rzutu i oceniamy długość linki. W końcowej fazie ostatniego wymachu do przodu przystępujemy do opuszczania zestawu na wodę. Kiedy linka i przypon znajdują się dokładnie nad celem, opuszczamy wędkę z położenia na godzinie 11:00 do położenia na godzinę 9:00. Linka, przypon i muszka łagodnie opadają na wodę (rys. 81).

Zarys wiedzy o rybach

W przyrodzie nic się nie dzieje przypadkiem. Wszystkie organizmy żywe podlegają długotrwałym procesom przemian w wyniku nagromadzania się wielu drobnych zmian. W ciągu milionów lat ryby coraz lepiej dostosowywały się do swojego środowiska życia. Budową ciała bardzo przypominają inne kręgowce. Mają głowę, tułów i ogon, brakuje im jednak typowego dla wielu kręgowców odcinka szyjnego.

Ułożone parami płetwy piersiowe i brzuszne odpowiadają nogom wyżej rozwiniętych kręgowców, pełnią jednak nieco inne funkcje. Ryby przemieszczają się dzięki ruchom całego ciała, zwłaszcza dolnego odcinka płetwy ogonowej. Pozostałe płetwy służą do utrzymywania równowagi, sterowania, hamowania i poruszania się do

Rys. 82
Uproszczony wizerunek ryby na przykładzie karpia królewskiego

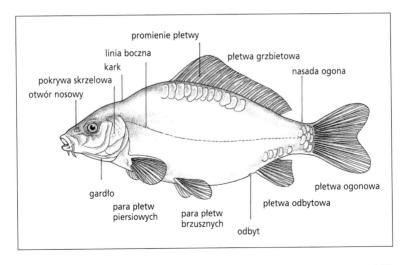

tyłu. Skórę większości gatunków ryb pokrywają zachodzące na siebie łuski.

W świecie ryb występuje ogromne zróżnicowanie form. Nie musimy wyruszać na rafy koralowe tropikalnych mórz ani zanurzać się w morskie głębiny, by się o tym przekonać. Rodzime gatunki dostarczają dostatecznie dużo odpowiednich przykładów. Wystarczy porównać kształt ciała węgorza, szczupaka, leszcza i flądry. Węgorz jest długi i smukły, szczupak ma wrzecionowaty obrys ciała, leszcza cechuje wysoki grzbiet i płaskie boki, a flądrę spłaszczone ciało z parą oczu przemieszczonych na jeden bok.

Ryby zamieszkujące Europę Środkową to głównie *ryby kostne*, których ciało oparte jest na szkielecie z czaszką i kręgosłupem.

Czaszka składa się z mózgoczaszki i trzewioczaszki. Mózgoczaszka otacza najwrażliwsze narządy ryb, w tym mózg, organ słuchu i równowagi, narząd węchu i częściowo narząd wzroku. Wysunięta do przodu trzewioczaszka składa się z wielu kości połączonych ze sobą w elastyczny sposób, dzięki czemu, zwłaszcza u gatunków drapieżnych, pysk i jama gębowa mogą się znacznie rozciągać. Szczęka górna i dolna u rozmaitych gatunków mają różną długość. Szczęka dolna może być dłuższa od górnej (pysk górny), równej długości (pysk przedni) lub krótsza (pysk dolny). Są też ryby, na przykład karp, które mogą wysuwać pysk, tworząc ryjek.

Zęby u ryb też są znacznie zróżnicowane w zależności od gatunku. Oprócz szczęk pokrytą zębami

*Rys. 83
Różne kształty pyska ryb:
a) pysk górny u bolenia; b) pysk przedni u pstrąga; c) pysk dolny u brzany;
d) pysk ryjkowaty u karpia*

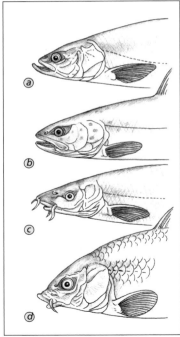

mają kość lemieszową, podniebienie, a nawet niektóre łuski skrzelowe. U ryb z rodziny karpiowatych zęby znajdują się w gardle, dlatego nie są widoczne. Są rodzajem zębów trzonowych. Zwierzęta miażdżą nimi pokarm, zanim trafi do żołądka.

Kręgosłup ryb składa się z wielu ruchomo połączonych kręgów. W zależności od gatunku liczba kręgów waha się od 40 do 100. Podobnie jak u ssaków, w kanale kręgosłupa przebiega rdzeń kręgowy.

Ości powszechnie uważane są za kości ryb. W rzeczywistości, pominąwszy wyrostki ościste kręgosłupa i żebra, są to raczej skostniałe wiązki tkanki łącznej, leżące między poszczególnymi partiami mięśni. W zależności od ich liczby ryby określamy jako „ościste" lub nie.

Przeważająca większość ryb oddycha *skrzelami*. Dzięki tym narządom zwierzęta mogą pobierać rozpuszczony w wodzie tlen. Skrzela znajdują się pod kostnymi pokrywami skrzelowymi. Składają się z różnej długości łuków skrzelowych, na których znajdują się cieniutkie, ukrwione listki skrzelowe. Ryba otworem gębowym stale pobiera wodę i wyrzuca ją przez szczeliny w pokrywie skrzelowej. W tym czasie z wody pobierana jest część rozpuszczonego w niej tlenu, który następnie przenika do układu krwionośnego. Przez naczynia krwionośne skrzeli z układu żylnego wydalany jest dwutlenek węgla wraz ze szkodliwymi produktami przemiany materii.

Dla wędkarza szczególne znaczenie mają *narządy zmysłów* ryby. Ryby mają te same podstawowe zmysły dotyku co człowiek: wzrok, słuch, dotyk, węch i smak. Bardzo ważną rolę odgrywa zmysł dotyku, którym ryby wyczuwają prąd i ciśnienie wody. Niektóre gatunki wyposażone są w paluszkowate wyrostki czuciowe (wąsy), za pomocą których penetrują dno.

Jeszcze ważniejszą funkcję pełni tzw. *linia*

boczna, czyli system bardzo wrażliwych zakończeń nerwów przebiegających tuż pod skórą, po obu stronach ciała. Przekazują one rybie informacje o najdrobniejszych zmianach ruchu wody, wskazując w ten sposób, że w pobliżu może znajdować się wróg albo potencjalna ofiara.

Ryby mają również zadziwiająco dobry *słuch*, mimo że nie posiadają zewnętrznych uszu.

Zmysł *wzroku* umożliwia rybie odróżnianie światła i ciemności, kierunku, kształtów i barw. Oko ryby wyraźnie różni się od oka istot lądowych. Ma bardziej kulistą, mocno wysuniętą soczewkę. Dzięki temu promienie światła padają na nią nie tylko z boku, lecz prawie z każdej strony. Pole widzenia jest zatem bardzo duże. Umieszczenie oczu po bokach głowy zapewnia widzenie sferyczne.

> Dzięki linii bocznej ryby odbierają najmniejsze drgnięcia gruntu i ruch wody, dlatego podczas połowu należy unikać tupania na brzegu i hałasowania.

Warto wspomnieć, że ryby dostrzegają również otoczenie nad lustrem wody. Zgodnie z zasadami optyki patrzą przez okrągłe „okno", które tworzy się nad nimi na powierzchni wody. Przenikające przez wodę światło w różny sposób załamuje się i zniekształca obraz, jednak wędkarz powinien wiedzieć, że często ryba widzi go.

Rys. 84
Pole widzenia ryby – z wyjątkiem wąskiego odcinka z tyłu ryba widzi wszystko dokoła

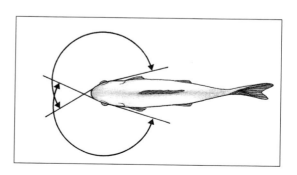

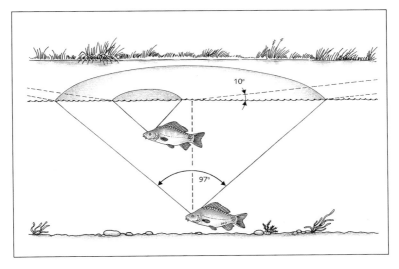

Tylko nieliczne gatunki ryb są żyworodne; większość wylęga się z jaj zwanych *ikrą*. Zapłodnienie następuje w wodzie, prawie zawsze poza organizmem samicy. Samce wydalają spermę (mlecz) w pobliżu złożonych jaj.

Aby złożyć jaja zazwyczaj samiec wybiera szczególnie dogodne, bezpieczne miejsce. Niektóre gatunki, na przykład z rodziny łososiowatych, silnymi uderzeniami ogona wykopują w żwirowym podłożu gniazda, lokując je w miejscach, gdzie napływa dużo świeżej wody. Po zapłodnieniu jaj zasypują złoże w ten sam sposób.

Rys. 85
Przez okrągłe „okienko" ryba widzi, co się znajduje nad wodą powyżej 10°C od powierzchni

Inne ryby, wśród nich karpiowate, szczupak i okoń, przytwierdzają lepką ikrę do podwodnych roślin. Są też gatunki, na przykład łosoś i węgorz, które odbywają długie wędrówki w poszukiwaniu miejsca do złożenia ikry.

Czas od zapłodnienia jaj do wy-

> Im dalej od brzegu znajduje się wędkarz i im niżej nad powierzchnią wody siedzi lub się przemieszcza, tym mniej widzą go ryby przez swoje „okno".

153

klucia się larw różni się w zależności od gatunku. Okres ten w dużej mierze zależny jest od temperatury i mierzony w tzw. stopniodniach (D°). Jeżeli ikra, na przykład pstrąga potokowego, od zapłodnienia do wyklucia larw embrionu potrzebuje od 410 do 420 stopniodni, to w wodzie o temperaturze 5°C rozwój trwa 82 dni, a w wodzie o temperaturze 10°C jedynie 41 dni. Larwy jeszcze przez kilka dni żywią się pokarmem z pęcherzyka żółtkowego. Gdy zasoby się wyczerpią, narybek jest w pełni ukształtowany i może samodzielnie wyruszyć na poszukiwanie pożywienia.

Wybrane gatunki ryb i ich połów

- W świecie znanych jest ponad 1 mln gatunków zwierząt. Codziennie jedne gatunki wymierają, a na ich miejsce powstają nowe.
- Istnieje 21 000 gatunków ryb. Stanowią one największą grupę wśród kręgowców.
- W Europie żyje około 300 gatunków ryb, w tym 199 to gatunki ryb słodkowodnych.
- 70 gatunków ryb słodkowodnych zasiedla niemieckie wody śródlądowe, około połowy z nich można łowić na wędkę.

Poniżej przedstawiono krótkie opisy biologiczne wybranych gatunków ryb i podstawowe wskazówki ułatwiające wędkarzom ich połów. Uwzględnione zostały również niektóre ryby morskie, które można łowić w strefie przybrzeżnej Morza Północnego i Morza Bałtyckiego. Aby ułatwić rozpoznawanie poszczególnych gatunków, wprowadzono następujące **symbole literowe:**
G – płetwa grzbietowa
(I – pierwsza, II – druga, III – trzecia),

P – płetwy piersiowe,
B – płetwy brzuszne,
O – płetwa odbytowa
(I – pierwsza, II – druga).
Promienie kostne lub chrzęstne płetw oznaczono **liczbami**, przedzielonymi ukośną linią. Występującej u niektórych gatunków płetwie pozbawionej promieni przypisano symbol **F**, a liczbę łusek na linii bocznej wskazują litery **LB + cyfry arabskie.**

W **tablicach informacyjnych** opracowanych odrębnie dla każdego gatunku użyto następujących skrótów:
U góry: **T** – tarło, **d** – dobre brania, **b** – najlepsze branie (każdy miesiąc podzielono na pół)
U dołu: akweny, w których ryby najchętniej przebywają, oznaczono ciemniejszym kolorem, a rejony, w których mogą się zdarzyć pojedyncze sztuki – jaśniejszym.
Skrót literowy **PM** wskazuje przeciętną masę ciała.

Przykład tablicy:

Miesiąc	1		2		3		4		5	
Okresy tarła i brania	–	–	T	T	T	T	T	–		b

kraina pstrąga	kraina lipienia
jezioro sielawowe	jezioro płoci		

155

⇥ Pstrąg potokowy

Cechy: G 3-4/8-12, P 1/10-13, B 1/7-10, O 3-4/6-12, F, LB 105-130

Ciało krępe, o wrzecionowatej formie, pysk przedni, dużo zębów w szczęce i na języku. Ubarwienie grzbietu od brązowozielonego po zielonoczarne, boki srebrne lub złotożółte, rozjaśniające się na brzuchu (kolor silnie zależny od stanowiska), czerwone kropki w otoczce koloru białego po brązowoczarny, rozmieszczone na całym ciele.
Występowanie: Wszystkie czyste, zimne, bogate w tlen wody płynące w Europie; gatunek zdziesiątkowany w wyniku pogorszenia warunków środowiska i kłusownictwa.
Biologia: Pstrąg potokowy przebywa w górnych biegach rzek i strumieni, w których woda latem ma temperaturę niższą niż 18°C. W strumieniach górskich jest niewielki, w wodach nizinnych rośnie szybko i osiąga znaczne rozmiary. Żywi się przeważnie drobnymi zwierzętami, owadami, a większe osobniki zjadają również ryby. Dojrzałość osiąga po upływie 2–3 lat. Samica od października do listopada składa do 500 jaj w zagłębieniach w żwirowatym dnie.
Długość: do 90 cm; masa: ponad 7 kg (PM: 0,2-0,7 kg).
Połów: Ryba ta wymaga znacznych umiejętności od wędkarzy łowiących *na muszkę* i *spinning*. Na przynętę nadają się suche, mokre muszki i nimfy (wielkości 12-16); sprzęt – wędka muchowa (klasa AFTMA 4–6). Podczas połowu spinningowego zalecany jest lekki sprzęt z małą przynętą. Pstrąg potokowy jest bardzo płochliwy, zaleca się więc naj-

miesiąc	1		2		3		4		5		6		7		8		9		10		11		12	
tarło i branie	T	T	-	-	-	-	-	-	d	b	b	d	d	d	d	b	b	b	-	T	T	T	T	T

kraina pstrąga	kraina lipienia	kraina brzany	kraina leszcza	kraina przyujściowa
jezioro sielawowe	jezioro płoci	jezioro boleni	jezioro sandaczy	jezioro szczupaków i linów

2 Pstrąg tęczowy

(Oncorhynchus mykiss Walbaum)

Cechy: G 4/10, P 1/12, B 1/8, O 3/10, F, LB 125-160
Gatunek ten powstał w wyniku krzyżowania różnych ras pstrągów amerykańskich, stąd niejednolity wygląd. Zwykle jest nieco bardziej krępy od pstrąga potokowego. W Europie znany od 1882 roku. Pysk przedni, mniejszy niż u pstrąga potokowego. Szczęki i język wyposażone w zęby. Grzbiet ciemnozielony lub brązowozielony, boki srebrzyste pokryte ciemnymi kropkami, tęczowy pas z przewagą koloru różowego po obu stronach, brzuch jasnosrebrny. Barwa zależna jest jednak od siedliska ryby.
Występowanie: W znacznej mierze zależy od stopnia zarybienia. Najbardziej nadaje się do chowu w zamkniętych zbiornikach. Wykazuje silny instynkt wędrowny. W wodach bieżących rzadko osiedla się, a w przypadku zarybienia występuje przez pewien czas. Pojedynczo spotykane ryby zwykle są uciekinierami ze zbiorników hodowlanych.
Biologia: Ta szybko rosnąca ryba jest mało przywiązana do jednego stanowiska, ma mniejsze wymagania dotyczące środowiska niż pstrąg potokowy i jest mniej zależna od możliwości znalezienia podwodnej kryjówki. Ryby zamieszkujące wody bieżące wraz z wiekiem przemieszczają się w dół rzek w rejony przyujściowe. Odżywiają się tak samo jak pstrągi potokowe. W warunkach naturalnych trze się od lutego do kwietnia. Samica składa 1500 jaj w zagłębieniach w dnie. Pstrąg tęczowy osiąga dojrzałość w wieku 2–3 lat.
Długość: do 90 cm, masa: do 10 kg (PM: 0,4 kg).
Połów: Jak w przypadku pstrąga potokowego, chętniej jednak chwyta owady, dlatego zalecany jest połów muchowy.

miesiąc	1	2	3	4	5	6	7	8	9	10	11	12
tarło i branie	– – – T	T	T	T	– d	d	d	d	b	b	b	b	b	d	– – – – – – –

kraina pstrąga	kraina lipienia	kraina brzany	kraina leszcza	kraina przyujściowa
jezioro sielawowe	jezioro płoci	jezioro boleni	jezioro sandaczy	jezioro szczupaków i linów

157

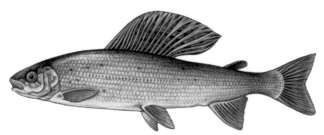

⋰ 3 Lipień

(Thymallus thymallus L.)

Cechy: G 5-7/14-17, P 1/15-16, B 1/10-11, O 3-5/9-10, F, LB 86-90
Ciało wydłużone. Szczęka wyposażona w zęby. Grzbiet niebieskozielony, boki i brzuch srebrne lub szarosrebrne z małymi czarnymi kropkami. Duża płetwa grzbietowa podobna do rozpostartej chorągwi ma kolor szarofioletowy z zielonymi paskami.
Występowanie: W większości regionów europejskich, jednak bardzo nieregularnie. Jego populacja stale się zmniejsza. Nie występuje w Irlandii, północnej Anglii, jak również na Półwyspie Apenińskim i Półwyspie Pirenejskim.
Biologia: Jest to ryba żyjąca blisko dna, tworząca stada, przywiązana do miejsca. Lubi wody o umiarkowanym prądzie. Odżywia się drobnymi zwierzętami żyjącymi na dnie i owadami. Dojrzałość płciową osiąga w 3. roku życia. Od lutego do kwietnia samica składa 3000-6000 jaj w zagłębieniach w żwirowym dnie. Lipień ma duże wymagania w stosunku do środowiska, w którym żyje, zwłaszcza do miejsc, w których odbywa tarło.
Długość: do 55 cm; masa do 2,5 kg (PM: 0,3 kg).
Połów: Jest to trudna do połowu ryba dla wędkarzy *muchowych*. Płoszy się na widok przyponu i zachowuje się nieufnie wobec przynęty muchowej. Najlepiej bierze na najmniejszą przynętę (sucha muszka, nimfa) i haczyk 16–20 na lekkiej wędce (klasa AFTMA 2–4). Konieczne jest wykonanie szybkiego zacięcia i ostrożne holowanie. Lipienie można też łowić za pomocą wyjątkowo *lekkiego sprzętu do spinningu* (błystka obrotowa w kształcie łyżeczki o wielkości 0-1), małe woblerki i twisterki.

miesiąc	1		2		3		4		5		6		7		8		9		10		11		12	
tarło i branie	-	-	-	T	T	T	T	-	d	b	b	b	d	d	d	d	d	b	b	b	b	d	d	-

kraina pstrąga	kraina lipienia	kraina brzany	kraina leszcza	kraina przyujściowa
jezioro sielawowe	jezioro płoci	jezioro boleni	jezioro sandaczy	jezioro szczupaków i linów

4 Szczupak

(Esox lucius L.)

Cechy: G 7-8/13-15, P 1/13, B 1-8, O 4-5/12-13, LB 110-130
Wyciągnięte, wrzecionowate ciało, wyjątkowo duża głowa; duże oczy i duży pysk w kształcie kaczego dziobu ze znaczną liczbą zębów (w dolnej szczęce kły, mniejsze na szczęce środkowej, na podniebieniu i języku, łącznie do 700 zębów). Grzbiet koloru oliwkowego, boki jaśniejsze – zielone lub oliwkowe z jasnymi cętkami, brzuch szarobiały lub szarożółtawy. Ubarwienie zależy od wieku i środowiska.

Występowanie: We wszystkich regionach Europy poza północną Norwegią, Półwyspem Pirenejskim i południowymi Włochami.

Biologia: Jest to żarłoczna ryba drapieżna, nieruchomo czatująca na ofiarę. Lubi przebywać w wodach stojących i bieżących oraz w zatokach morskich o niewielkim zasoleniu. Żyje w pobliżu brzegu. Odżywia się głównie rybami, również jednak innymi kręgowcami. Czasem ma skłonność do kanibalizmu. Już od 3. roku życia szczupaki odbywają tarło w porośniętych wodną roślinnością płytkich wodach i terenach zalewowych. Bardzo szybko rosną.

Długość: do 140 cm; masa: do 30 kg (PM: 2–4 kg).

Połów: Szczupaki łowi się głównie *średnią i ciężką wędką spinningową*. Przynętę (duże błystki wahadłowe i obrotowe, woblery, systemiki i gumy) prowadzi się powoli (wiosną i jesienią w przydennych, latem w środkowych warstwach wody). W momencie brania należy wykonać mocne zacięcie. Powodzeniem może się zakończyć połów również na *wędkę gruntową* z martwą rybką (zwłaszcza w przypadku bardzo dużych okazów) i na *wędkę muchową* (streamer).

miesiąc	1	2	3	4	5	6	7	8	9	10	11	12
tarło i branie	-	-	T	T	T	T	T	-	b	b	d	d	d	d	d	d	d	b	b	b	b	b	b	d

kraina pstrąga	kraina lipienia	kraina brzany	kraina leszcza	kraina przyujściowa
jezioro sielawowe	jezioro płoci	jezioro boleni	jezioro sandaczy	jezioro szczupaków i linów

159

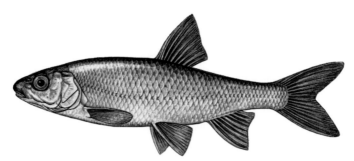

5 Jelec

(Leuciscus leuciscus L.)

Cechy: G 3/7, P 1/16-17, B 2/8, O 3/8-9, LB 48-54

Wąskie, niemal owalne ciało, lekko tylko spłaszczone po bokach. Szczęka dolna lekko cofnięta, pysk nieduży. Silnie wcięta płetwa ogonowa. Grzbiet czarnoszary lub stalowoniebieski, boki srebrne, brzuch biały lub srebrnoszary. Płetwa grzbietowa i ogonowa szare, pozostałe żółtawe lub pomarańczowe.

Występowanie: Prawie w całej Europie na północ od Alp do Pirenejów. Nie spotyka się go w Szkocji oraz w północnej i zachodniej Norwegii.

Biologia: Ryba ta żyje w stadach w górnych warstwach szybko płyną-

cych czystych i chłodnych wód. W jeziorach występuje jedynie w miejscach, gdzie tworzy się prąd. Jest wytrwałym i dobrym pływakiem. Odżywia się drobnymi zwierzętami, latem głównie owadami. Tarło trwa od marca do maja. Samica składa ikrę na listkach roślin. Samce mają wysypkę tarłową.

Długość: do 30 cm; masa do 0,5 kg (PM: 0,15 kg).

Połów: Latem łowi się jelce przede wszystkim *lekką wędką muchową* na suchą muszkę i nimfę. Konieczne jest szybkie zacięcie. Można też używać *lekkiej wędki gruntowej*. Przynętę (robaki, larwy, muchy, larwy chruścika) należy podawać tuż pod powierzchnią wody. Można również zastosować przepływankę z unoszącą się na wodzie przynętą. Jelce są bardzo płochliwe.

miesiąc	1	2	3	4	5	6	7	8	9	10	11	12
tarło i branie	- - - - T	T	T	T T	T T d	d	b b	b b	b b	d d	d -	- -

kraina pstrąga	kraina lipienia	kraina brzany	kraina leszcza	kraina przyujściowa
jezioro sielawowe	jezioro płoci	jezioro boleni	jezioro sandaczy	jezioro szczupaków i linów

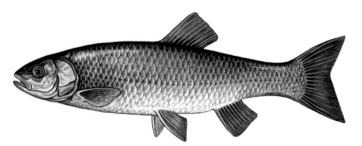

6. Kleń
(Leuciscus cephalus L.)

Cechy: G 2/8, P 1/16-17, B 2/8, O 3/7-9, LB 44-46
Krępe, wrzecionowate ciało, duża głowa. Szczęki równe, z wydatnymi wargami. Grzbiet szarozielony lub szaroniebieski, boki srebrne, brzuch biały, łuski duże z ciemną obwódką; płetwy żółtawe lub czerwonawe.
Występowanie: W całej Europie poza Danią i północną Skandynawią.
Biologia: W młodości kleń tworzy stada, potem staje się samotnikiem. Żyje głównie w wodach płynących. Jest typową rybą powierzchniową. Młode osobniki żywią się drobnymi zwierzętami – latem owadami, później większymi zwierzętami (ryby,

żaby). Tarło trwa od kwietnia do czerwca. Samica składa jaja na roślinach wodnych i kamieniach nad żwirowym dnem. Samce mają drobną wysypkę tarłową.
Długość: do 70 cm; masa: do 6 kg (PM: 0,5 kg).
Połów: Kleń doskonale nadaje się do połowu *gruntowego, spinningowego* i *muchowego*. Jest bardzo płochliwy i ostrożny. Do połowu gruntowego najlepiej użyć średniej wędki. W zimne dni przynętę (groszek, robaki, wiśnie, czereśnie) układamy na dnie, w cieple blisko powierzchni wody (lekkie kawałki chleba, owady). Podczas połowu spinningowego należy używać małych przynęt – zwykle są to błystki obrotowe: woblerki. Przynęta muchowa to przede wszystkim sucha muszka i nimfa.

miesiąc	1	2	3	4	5	6	7	8	9	10	11	12
tarło i branie	- -	d d	d d	T T	T T	d b	b b	b b	d d	d d	d d	- -

kraina pstrąga	kraina lipienia	kraina brzany	kraina leszcza	kraina przyujściowa
jezioro sielawowe	jezioro płoci	jezioro boleni	jezioro sandaczy	jezioro szczupaków i linów

161

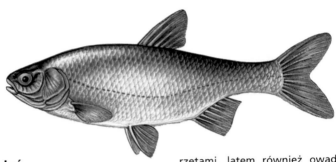

7 Jaź

(Leuciscus idus L.)

Cechy: G 3/8-9, P 1/15-16, B 2/8, O 3/9-10, LB 55-60.
Grzbiet lekko wygięty, ciało po bokach spłaszczone, pysk przedni. Często bywa mylony z płotką. Grzbiet ciemnoszary, boki i brzuch srebrne, płetwa grzbietowa szara, pozostałe płetwy czerwonawe. Łuski mienią się złotożółto. W stawach parkowych spotkać można ozdobną formę jazia – orfę.

Występowanie: W Europie na wschód od Renu i po północnej stronie Alp, oprócz Norwegii i Półwyspu Bałkańskiego.
Jaź zamieszkuje w stadach wody rzek i systemów rzecznych oraz zatok morskich. Nie jest przywiązany do miejsca. Żywi się drobnymi zwierzętami, latem również owadami, większe osobniki zjadają też małe rybki. Tarło trwa od marca do maja i wiąże się z dalekimi wędrówkami w górę rzeki. Jazie tworzą wówczas duże stada. Samice składają do 100 000 jaj na kamieniach i roślinach.
Długość: do 70 cm, masa: do 5 kg (PM: 0,5 kg).
Połów: Ryba ta jest interesująca dla wędkarzy *gruntowych, spinningowych* i *muchowych*. Do połowu najlepiej użyć lekkiej lub średniej wędki gruntowej (przynęta roślina i zwierzęca); latem jazie można łowić na suchą muszkę orazna najmniejsze przynęty spinningowe.

miesiąc	1	2	3	4	5	6	7	8	9	10	11	12
tarło i branie	–	–	–	–	– T	T T	T d	b b	b b	b b	b d	d d	d d	– –	–

kraina pstrąga	kraina lipienia	kraina brzany	kraina leszcza	kraina przyujściowa
jezioro sielawowe	jezioro płoci	jezioro boleni	jezioro sandaczy	jezioro szczupaków i linów

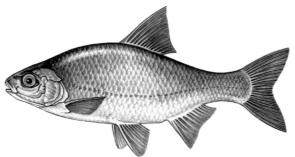

8. Płoć

(Rutilus rutilus L.)

Cechy: G 3/9-11, P 1/15, B 2/8, O 3/9-11, LB 43

Wyciągnięte ciało, spłaszczone po bokach; duże osobniki mają wyeksponowany grzbiet. Pysk przedni, czasem lekko dolny. Płotka często mylona jest ze wzdręgą. Płetwy brzuszne znajdują się dokładnie pod płetwą grzbietową; u wzdręgi wyraźnie przed płetwą grzbietową. Grzbiet oliwkowobrązowy lub niebieskozielony, boki matowosrebrne lub żółtawosrebrne, brzuch biały z lekko czerwoną poświatą; płetwy czerwonawe, oczy czerwone.

Występowanie: W całej Europie poza Szkocją, północną Norwegią, Półwyspem Pirenejskim i rejonem Morza Śródziemnego.

Biologia: Jest to licznie występująca ryba żyjąca w stadach we wszystkich rodzajach wód, łącznie z zatokami morskimi i częścią Morza Bałtyckiego. Żywi się drobnymi zwierzętami i roślinami. Tarło odbywa w kwietniu i maju w dużych stadach, w bogato porośniętych obszarach płytkiej wody. Samica składa do 100 000 jaj. Samce mają wysypkę tarłową. W okresie tarła ryby podejmują wędrówki. W przypadku nadmiernej liczby osobników na danym obszarze mają skłonność do karłowacenia.

Długość: do 50 cm; masa do 2 kg (PM: 0,15 kg).

Połów: Płotki można łowić *lekką wędką gruntową* prawie przez cały rok. Przynętę (robaki, ziemniaki, ciasto, konopie, pszenica) podaje się blisko dna po uprzednim zanęceniu. Konieczne jest wykonanie szybkiego zacięcia. Płotki w całości lub w kawałkach nadają się na przynętę dla ryb drapieżnych

miesiąc	1	2	3	4	5	6	7	8	9	10	11	12
tarło i branie	d	d	d	d	d	d	T	T	T	T	d	d	d	d	d	d	b	b	b	b	d	d	d	d

kraina pstrąga	kraina lipienia	kraina brzany	kraina leszcza	kraina przyujściowa
jezioro sielawowe	jezioro płoci	jezioro boleni	jezioro sandaczy	jezioro szczupaków i linów

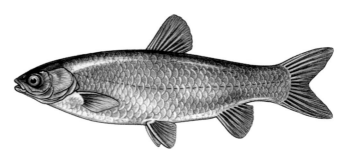

9. Amur biały

(Ctenopharyngodon idella Val.*)*

Cechy: G 3/7, O 3/8, LB 43-45.
Krępe, wydłużone ciało o owalnym przekroju (przypomina klenia); bardzo duże niezbyt mocno osadzone łuski, względnie małe oczy, głowa nie pokryta łuskami. Młode ryby często bywają mylone z kleniami. Grzbiet szarooliwkowy lub niebieskoszary, boki matowosrebrne, brzuch jasnoszary lub srebrzyściebiały.

Występowanie: Pochodzi z terenów Azji Południowo-Wschodniej, Dalekiego Wschodu; w Europie Południowej i Środkowej pojawił się dopiero w latach sześćdziesiątych. Można go spotkać jedynie w wodach sztucznie zarybianych. Dobrze czuje się zwłaszcza w ciepłych kanałach odprowadzających wodę z elektrociepłowni.

Biologia: Amur biały żyje w stadach, czasem jako samotnik, w ciepłych, bogatych w roślinność wodach stojących lub wolno płynących. Młode osobniki odżywiają się wodorostami i drobnymi organizmami zwierzęcymi, starsze – głównie roślinnością podwodną i małymi zwierzętami (latem szukają pożywienia na lustrze wody). Z powodu nieodpowiednich warunków klimatycznych w Europie Środkowej amur biały nie rozmnaża się w naturalny sposób (sztuczne zarybianie).

Długość: ponad 100 cm; masa: do 40 kg (PM: 5–6 kg).

Połów: Amury najlepiej łowić na wędkę *gruntową* z przynętą roślinną, jak sałata, kukurydza, śliwki z kompotu itp.

miesiąc	1		2		3		4		5		6		7		8		9		10		11		12	
tarło i branie	-	-	-	-	-	-	d	d	d	b	b	b	b	b	d	d	b	b	b	d	-	-	-	-

kraina pstrąga	kraina lipienia	kraina brzany	kraina leszcza	kraina przyujściowa
jezioro sielawowe	jezioro płoci	jezioro boleni	jezioro sandaczy	jezioro szczupaków i linów

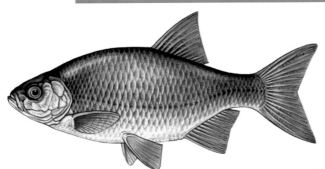

10 Wzdręga
(Scardinius erythrophthalmus L.)

Cechy: G 2-3/8-9, P 1/15-16, B 2/8, O 3/9-12, LB 40-42.
Wysoki grzbiet; dolna szczęka lekko wysunięta lub obie szczęki równe. Grzbiet oliwkowoszary lub zielonkawobrązowy, boki złote ku brzuchowi przechodzące w srebrzyste, brzuch biały; płetwy krwistoczerwone, tęczówki oka złota lub żółta.

Występowanie: W całej Europie, poza zachodnią Szkocją, północną Norwegią, Półwyspem Pirenejskim i Półwyspem Apenińskim.

Biologia: Wzdręga żyje w stadach w przybrzeżnych partiach stojących i wolno płynących wód słodkich oraz w miejscach, gdzie woda słodka miesza się ze słoną. Najchętniej przebywa w pobliżu trzcin. Żywi się małymi zwierzętami, owadami i roślinami. Tarło odbywa w stadach od kwietnia do maja. Samica składa jaja na roślinach. Samce mają wysypkę tarłową.

Długość: do 40 cm; masa: do 2 kg (PM: 0,2 kg).

Połów: Wzdręgi łowi się *lekką wędką gruntową*. Przynętę (larwy, robaki, ciasto) należy podawać w środkowych partiach wody, a w gorące dni tuż pod powierzchnią w prześwitach między roślinami. Podczas upału można łowić również wędką *muchową* na małą suchą muszkę (14–16). W wodzie z bogatą roślinnością holowanie z pomocą bardzo cienkiego przyponu często kończy się utratą ryby, należy więc wybrać nieco grubszy przypon niż do połowu na otwartych wodach.

miesiąc	1	2	3	4	5	6	7	8	9	10	11	12
tarło i branie	- - -	- - d	T T	T T	d d	b b	b b	b d	d d	d -	- -	

kraina pstrąga	kraina lipienia	kraina brzany	kraina leszcza	kraina przyujściowa
jezioro sielawowe	jezioro płoci	jezioro boleni	jezioro sandaczy	jezioro szczupaków i linów

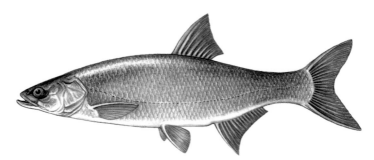

11 Boleń

(Aspius aspius L.)

Cechy: G 3/8, P 1/16, B 2/8-9, O 3/14, LB 65-73
Długie, mocne ciało, spłaszczone po bokach; duży, szeroko rozcięty pysk górny. Grzbiet oliwkowozielony do stalowoniebieskiego, boki srebrne, brzuch biały; płetwy brzuszne czerwonawe.
Występowanie: Na wschód od Łaby w Europie Wschodniej; na zachód od Łaby jedynie regionalnie.
Biologia: Młode bolenie żyją w stadach, dorosłe są samotnikami. Zamieszkują wody powierzchniowe dolnych i środkowych biegów rzek, w starorzeczach i w jeziorach przepływowych. We wczesnej młodości boleń żywi się małymi zwierzętami, a od 2. roku życia powoli zmienia się w typowego drapieżnika chwytającego również owady. Ryby te trą się od marca do kwietnia w wodach o wartkim prądzie. Samce mają wysypkę tarłową.
Długość: do 110 cm; masa: do 10 kg (PM: 2,0 kg).
Połów: Bolenie najlepiej łowić na *spinning* i *muszkę*. Do spinningu używa się średniego sprzętu; małą przynętę (błystkę obrotową, ołowiankę) lub gumkę w naturalnym kolorze prowadzi się szybko tuż pod powierzchnią wody. Do połowu muchowego stosuje się ciężki sprzęt (klasa AFTMA powyżej 8). Niezbędne są dalekie rzuty (linka pałkowata). Przynętę stanowią suche muszki z dużą ilością piórek, streamery. Ryba bierze z dużą siłą i zaciekle walczy w powierzchniowych warstwach wody.

miesiąc	1	2	3	4	5	6	7	8	9	10	11	12
tarło i branie	-	-	-	-	-	-	T	T	T	T	T	T	d	b	b	b	b	b	b	b	d	d	-	-

kraina pstrąga	kraina lipienia	kraina brzany	kraina leszcza	kraina przyujściowa
jezioro sielawowe	jezioro płoci	jezioro boleni	jezioro sandaczy	jezioro szczupaków i linów

12 Ukleja

(Alburnus alburnus L.)

Cechy: G 3/8, P 1/15, B 2/8, O 3/17-20, LB 46-54
Wąskie, po bokach spłaszczone ciało; pysk górny, linia szczęk wyraźnie wygięta do góry. Grzbiet od zielononiebieskiego po zielonoszary, boki i brzuch srebrzyście błyszczące, płetwy od jasnoszarych po zielonoszare. Ukleja jest często mylona z piekielnicą. Piekielnica ma wyższy grzbiet i wygiętą w dół linię boczną przebiegającą między dwoma rzędami ciemnych punktów.
Występowanie: Po północnej stronie Alp i Pirenejów od Oceanu Atlantyckiego do Uralu poza Szkocją, Irlandią oraz zachodnią i północną Norwegią.

Biologia: Ukleja żyje w stadach w warstwach powierzchniowych wszystkich rodzajów wód. Żywi się planktonem, drobnymi zwierzętami i owadami. Tarło odbywa się od kwietnia do czerwca w płytkich, kamienistych wodach przy brzegu. Samce mają wysypkę tarłową.
Długość: do 25 cm, masa: do 0,10 kg (PM: poniżej 0,1 kg).
Połów: Do połowu uklei najlepsza jest *lekka wędka gruntowa* i najmniejsze haczyki. Przynętę (białe robaki, ochotki) podajemy blisko powierzchni wody. Koniecznie trzeba zanęcać ryby, aby stado przytrzymać na miejscu. Ukleje można łowić również na najlżejszy sprzęt *muchowy* i najmniejszą suchą muszkę (18-24). Ryby te bardzo dobrze nadają się na przynętę do połowu węgorzy i sandaczy.

miesiąc	1	2	3	4	5	6	7	8	9	10	11	12
tarło i branie	-	-	-	-	d	d	d	T	T	T	T	d	b	b	b	b	b	d	d	d	-	-	-	-

kraina pstrąga	kraina lipienia	kraina brzany	kraina leszcza	kraina przyujściowa
jezioro sielawowe	jezioro płoci	jezioro boleni	jezioro sandaczy	jezioro szczupaków i linów

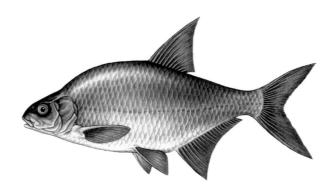

13 Leszcz

(Abramis brama L.)

Cechy: G 3/9, P 1/15, B 2/8, O 3/23-28, LB 51-56
Bardzo wysoki grzbiet, boki spłaszczone; płetwa ogonowa mocno wcięta; pysk ryjkowaty, dolny. Grzbiet szaroniebieski do ciemnoszarego, boki srebrzystoszare do miedzianoszarych, brzuch jasnosrebrzysty do szarego. Płetwy zawsze szare (płetwy innego koloru oznaczają krzyżówkę).
Występowanie: Licznie po stronie Alp i Pirenejów w całej Europie z wyjątkiem północnej Szkocji i dalekich obszarów północnej Skandynawii.
Biologia: Leszcz żyje w stadach we wszystkich krainach rzecznych z wyjątkiem krainy pstrąga, w jeziorach i zbiornikach zaporowych, jak również w zatokach morskich. Żywi się małymi zwierzętami (na przykład jętkami). Dojrzałość płciową osiąga w 5. roku życia; samica od maja do czerwca składa 200 000 – 300 000 jaj w bogato porośniętych rejonach brzegowych. U samców występuje silna wysypka tarłowa.
Długość: do 80 m; masa 11,55 kg – okaz złowiony w Finlandii w 1949 roku (PM: 0,5 kg)
Połów: Do połowu leszczy nadaje się *średnia wędka gruntowa*. Przynętę (robaki, ciasto, ziemniaki, białe robaki), umieszczamy na dnie lub tuż nad nim. Konieczne jest obfite zanęcanie.

miesiąc	1		2		3		4		5		6		7		8		9		10		11		12	
tarło i branie	-	-	-	-	d	d	d	d	T	T	T	T	d	d	b	b	b	b	d	d	d	-	-	-

kraina pstrąga	kraina lipienia	kraina brzany	kraina leszcza	kraina przyujściowa
jezioro sielawowe	jezioro płoci	jezioro boleni	jezioro sandaczy	jezioro szczupaków i linów

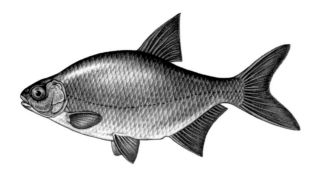

14 Krąp

(Blicca bjoerkna L.)

Cechy: G 3/8, P 1/14-15, B 2/8, O 3/19-23, LB 45-50
Wysoki grzbiet, ciało po bokach spłaszczone – ogólnie podobny do leszcza. Na płetwach, mniejszych niż u leszcza, czerwonawe tło. Dolna szczęka mniej cofnięta niż u leszcza. Grzbiet szary, boki szarosrebrne do jasnosrebrnych, brzuch jasny.
Występowanie: Po północnej stronie Alp i Pirenejów w całej Europie, poza Irlandią.
Biologia: Krąp żyje w stadach w pobliżu brzegów i dna w większości wód stojących i wolno płynących oraz u ujścia rzek do morza. Odży-wia się drobnymi organizmami i planktonem. Jeżeli populacja jest zbyt duża w danej wodzie, karłowacieje. Dojrzałość osiąga po upływie 3-4 lat. Samica w maju i czerwcu składa do 100 000 jaj w płytkiej wodzie o porośniętym dnie.
Długość: do 30 cm; masa: do 1,0 kg (PM: 0,1 kg).
Połów: Tę bardzo chętnie biorącą rybę najlepiej łowić na *lekką wędkę gruntową*. Przynętę (ciasto, ziemniaki, robaki, larwy) umieszcza się w pobliżu dna. Zalecane jest obfite nęcenie – również podczas łowienia trzeba podawać niewielkie ilości zanęty. Z powodu kształtu ciała niezbyt nadaje się w całości na przynętę dla ryb większych gatunków.

miesiąc	1		2		3		4		5		6		7		8		9		10		11		12
tarło i branie	-	d	d	d	d	d	d	d	T	T	T	T	d	b	b	b	b	b	b	d	d	d	-	-

kraina pstrąga	kraina lipienia	kraina brzany	kraina leszcza	kraina przyujściowa
jezioro sielawowe	jezioro płoci	jezioro boleni	jezioro sandaczy	jezioro szczupaków i linów

15 Lin
(Tinca tinca L.)

Cechy: G 4/8-9, P 1/15-17, B 2/8-9, O 3-4/6-7, LB 90-110
Podłużne, wrzecionowate ciało. Uwagę zwracają wyjątkowo małe łuski w pokrytej śluzem skórze. Bardzo małe oczy; mały pysk, szczęki równe, w kącikach pyska po jednym wąsie. Płetwy zaokrąglone. Grzbiet brązowooliwkowy, boki złotooliwkowe do złotobrązowego, brzuch biały. Mieni się złociście, również znane są albinosy.
Występowanie: W całej Europie poza północną Szkocją i północną Skandynawią.
Biologia: Lin lubi spokojne, ciepłe wody stojące i wolno płynące, czasem spotyka się go we wschodniej części Bałtyku. Żyje w pobliżu porośniętego, mulistego dna, żywi się drobnymi organizmami. Trze się od maja do lipca, czasem do sierpnia. Samica składa jaja na liściach roślin lub w mulistym dnie.
Długość: do 75 cm; masa: do 4,5 kg (PM: 0,5 kg).
Połów: Do połowu linów nadaje się *średnia wędka gruntowa*. Przynętę (robaki, ziemniaki, ciasto, mięso małży) umieszczamy na dnie. Lin bierze bardzo niezdecydowanie. Spławik często dość długo „krąży", zacięcie wykonujemy dopiero wtedy, gdy spławik zdecydowanie zacznie się przesuwać, zanurzając się pod wodą.

miesiąc	1		2		3		4		5		6		7		8		9		10		11		12	
tarło i branie	-	-	-	-	-	-	d	d	T	T	T	T	T	T	b	b	b	b	b	d	-	-	-	-

kraina pstrąga	kraina lipienia	kraina brzany	kraina leszcza	kraina przyujściowa
jezioro sielawowe	jezioro płoci	jezioro boleni	jezioro sandaczy	jezioro szczupaków i linów

16 Brzana

(Barbus barbus L.)

Cechy: G 3/8-9, P 1/15-17, B 2/8, O 3/5, LB 55-65
Ciało wydłużone, wrzecionowate; dolna szczęka mocno cofnięta, wargi wydatne; cztery wąsy na górnej wardze. Grzbiet szarozielony po brązowooliwkowy, boki srebrzyste lub w kolorze gliny, brzuch jasny.
Występowanie: Głównie w Europie Środkowej; nie spotyka się jej w Irlandii, Skandynawii i dużej części rejonu Morza Śródziemnego. Liczebność stale się zmniejsza.
Biologia: Brzana żyje w stadach przy dnie. Lubi wody o szybkim prądzie. Pokarm, zwłaszcza drobne zwierzęta, ikrę i narybek pobiera głównie z dna. Od maja do lipca wędruje w górę rzeki na tarło. Samica składa do 8000 jaj na kamieniach w wodzie o umiarkowanym prądzie. Samce w okresie tarła mają jasną wysypkę tarłową.
Uwaga: *ikra brzany jest silnie trująca!*
Długość: do 70 cm; masa: do 70 kg (PM: 1,5 kg)
Połów: Ta dzielnie walcząca ryba stanowi wyzwanie dla wędkarzy gruntowych. Łowi się ją *gruntówką bez spławika* lub *przepływanką*. Najlepszą przynętą są rosówki, kawałki sera, najmniejsze martwe rybki. Konieczna jest obfita zanęta. Brzany są aktywne przez całą dobę. Można je również łowić na ciężką nimfę. W wodach o silnym prądzie należy używać linki tonącej. Bardzo skuteczną metodą jest *spinning* z użyciem 5–7 cm woblerów i niewielkich błystek obrotowych stosowany na płytkich śródrzecznych rafach oraz na zalanych, zniszczonych ostrogach.

miesiąc	1	2	3	4	5	6	7	8	9	10	11	12
tarło i branie	- - -	- - d	d d b	T T T	T d b	b b b	d d -	- - -				

kraina pstrąga	kraina lipienia	kraina brzany	kraina leszcza	kraina przyujściowa
jezioro sielawowe	jezioro płoci	jezioro boleni	jezioro sandaczy	jezioro szczupaków i linów

17 Karaś

(Carassius carassius L.)

Cechy: G 3/17-19, P 14-16, B 8-9, O 3/7, LB 31-35

Grzbiet mocno wysklepiony, ale możliwe są również inne formy, boki spłaszczone; pysk górny; występują też krzyżówki z karpiem (1 para wąsów na brodzie). Grzbiet ciemnooliwkowy do szarobrązowego, boki w kolorze mosiądzu do żółtobrązowego z lekkim zielonkawym połyskiem, brzuch żółtawobiały po szarobiały. Na nasadzie ogona liczne ciemne plamy. Płetwy ciemnobrązowe z lekkim czerwonawym zabarwieniem.

Występowanie: Po północnej stronie Alp od Anglii przez północno-wschodnią Francję do Europy Wschodniej. Faktyczne granice występowania trudno określić z powodu sztucznego zarybiania.

Biologia: Jest to mało wymagająca, odporna na niekorzystne warunki środowiskowe ryba, żyjąca w stadach blisko dna zbiorników stojącej wody (również w sadzawkach). Żywi się małymi organizmami roślinnymi i zwierzęcymi. W okresie tarła, od maja do czerwca, samica składa do 300 000 jaj na roślinach wodnych. Karaś ma skłonność do karłowacenia.

Długość: do 50 cm; masa: do 2,5 kg (PM: 0,2 kg)

Połów: Karasie można łowić za pomocą *lekkiej i średniej wędki gruntowej*. Przynętę (robaki, ciasto, ziemniaki) umieszczamy na dnie lub tuż nad nim. Jeżeli dno jest muliste, nie kładziemy na nim przynęty. Konieczna jest zanęta!

miesiąc	1		2		3		4		5		6		7		8		9		10		11		12	
tarło i branie	-	-	-	-	-	-	d	d	T	T	T	T	d	b	b	b	b	b	d	-	-	-	-	-

kraina pstrąga	kraina lipienia	kraina brzany	kraina leszcza	kraina przyujściowa
jezioro sielawowe	jezioro płoci	jezioro boleni	jezioro sandaczy	jeziora szczupaków i linów

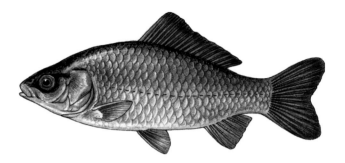

18 Karaś srebrzysty

(Carassius auratus gibelio Bloch)

Cechy: G 3/17-19, P 15-16, B 7-9, O 2/5-7, LB 27-31
Podobny do karasia (17), ale łatwo go odróżnić: grzbiet mniej wypukły, lekko wklęsła płetwa grzbietowa, nie ma ciemnej plamy na nasadzie ogona. Grzbiet oliwkowy po brązowoszary, boki barwy od srebrnożółtej po srebrnoszarą, brzuch jasny, z czarnymi pigmentami. Liczne warianty ubarwienia.
Występowanie: Pochodzi z Azji Wschodniej. Występuje głównie w Europie Wschodniej, Środkowej i Północnej, rzadziej w Zachodniej.
Biologia: Karaś srebrzysty jest mało wymagający, podobnie jak karaś. Tworzy stada również z innymi gatunkami. Zamieszkuje zarastające jeziora i wolno płynące wody, nawet maleńkie sadzawki. Żyje przy dnie, żywi się drobnymi organizmami zwierzęcymi. Okres tarła trwa od maja do czerwca. Karasie srebrzyste rozmnażają się dzieworodnie. Samice szukają miejsc tarła spokrewnionych gatunków, by umożliwić rozwój jaj dzięki spermie samców – głównie karpia lub karasia. Potomstwo składa się wówczas wyłącznie z samiczek.
Długość: do 45 cm; masa: do 2,5 kg (PM: 0,1 kg).
Połów: Karasie srebrzyste łowi się *lekką lub średnią wędką gruntową.* Pozostałe akcesoria i metoda połowu takie same jak w przypadku połowu karasia.

miesiąc	1	2	3	4	5	6	7	8	9	10	11	12
tarło i branie	-	-	-	-	-	-	d	d	T	T	T	T	d	d	b	b	b	b	d	-	-	-	-	-

kraina pstrąga	kraina lipienia	kraina brzany	kraina leszcza	kraina przyujściowa
jezioro sielawowe	jezioro płoci	jezioro boleni	jezioro sandaczy	jezioro szczupaków i linów

19 Karp

(Cyprinus carpio L.)

Cechy: G 3-4/17-22,
P 1/15-16, B 2/8-9, O 3/5-6,
LB 35-39 (u karpi pokrytych łuskami)
Grzbiet bardzo wypukły. W wyniku hodowli kształt ciała karpi jest mocno zróżnicowany. Istnieją cztery rodzaje karpi w zależności od sposobu pokrycia łuskami: 1) pełnołuski; 2) lampasowy, na wysokości linii bocznej i na grzbiecie ma jedną lub kilka linii łusek; 3) lustrzeń pokryty nielicznymi, nieregularnie rozłożonymi łuskami, najczęściej na grzbiecie i na nasadzie ogona; 4) nagi, golec, w zasadzie jest bezłuski. Szczęki górna i dolna równe, mogą się wysuwać, tworząc ryjek; cztery wąsy. Grzbiet najczęściej szaroniebieski do czarnoniebieskiego, boki srebrnoszare do miedzianych, brzuch jasnoszary do białego.

Występowanie: Pochodzi z Azji Mniejszej, rejonu Morza Czarnego i Azji Środkowej. Jako ryba hodowlana występuje prawie w całej Europie, w wielu miejscach w stanie zdziczałym.

Biologia: Karp żyje w pobliżu dna w wolno płynących i stojących wodach (również stawach). Latem wypływa blisko powierzchni. Odżywia się drobnymi zwierzętami i roślinami. Samice od maja do lipca składają do 700 000 jaj w ciepłych płytkich wodach.

Długość: do 100 cm; masa: do 40 kg (PM: 1,5-3 kg).

Połów: Karpie najlepiej łowić *średnią wędką gruntową* (specjalne zestawy). Przynętę (robaki, ziemniaki, ciasto) umieszcza się zwykle w pobliżu dna, a w gorące dni na powierzchni wody (chleb). Konieczne jest zanęcanie. Karpie są bardzo płochliwe.

miesiąc	1	2	3	4	5	6	7	8	9	10	11	12
tarło i branie	-	-	-	-	-	-	d	d	T	T	T	T	T	d	b	b	b	b	d	d	-	-	-	-

kraina pstrąga	kraina lipienia	kraina brzany	kraina leszcza	kraina przyujściowa
jezioro sielawowe	jezioro płoci	jezioro boleni	jezioro sandaczy	jezioro szczupaków i linów

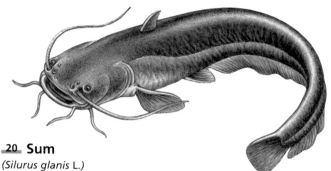

20 Sum
(Silurus glanis L.)

Cechy: G 1/4, P 1/14-17, B 11-13, O 90-92 (przechodzi w płetwę ogonową)
Ciało owalne, zwężające się ku tyłowi, bezłuskie, duża głowa, bardzo małe oczy; wyjątkowo duży pysk z licznymi igiełkowatymi zębami; dwa długie wąsy na górnej szczęce, cztery krótsze na dolnej szczęce. Grzbiet czarnoniebieski, czarnozielone boki, w dolnej części oliwkowe marmurkowanie, brzuch żółtawobiały, częściowo czerwono-biały z ciemniejszymi plamami.
Występowanie: W całej Europie z wyjątkiem północnej Skandynawii.
Biologia: Sum żyje w pobliżu dna większych rzek i jezior, przywiązany do miejsca. Dniem pozostaje w ukryciu, aktywny jest o zmierzchu i nocą.

Młode osobniki żywią się drobnymi organizmami, starsze prowadzą drapieżny tryb życia, polując nawet na większe kręgowce. Tarło trwa od maja do czerwca w wodzie o temperaturze powyżej 18°C, w specjalnie przygotowanych gniazdach.
Długość: do 300 cm; masa: do 150 kg (PM: 10 kg).
Połów: Sumy najlepiej łowić w pełni lata *ciężką wędką gruntową*. Przynętę (większe ryby) umieszczamy w pobliżu dna. Suma można też łowić *wędką spinningową*. Przynętę (duże woblery) w dzień prowadzimy tuż nad dnem, nocą – blisko powierzchni. Lądowanie za pomocą

miesiąc	1	2	3	4	5	6	7	8	9	10	11	12
tarło i branie	-	-	-	-	-	-	-	- T	T T	T T	d b	b b b d	- -	- -	- -

kraina pstrąga	kraina lipienia	kraina brzany	kraina leszcza	kraina przyujściowa
jezioro sielawowe	jezioro płoci	jezioro boleni	jezioro sandaczy	jezioro szczupaków i linów

175

21. Węgorz
(Anguilla anguilla L.)

Cechy: Ciało wydłużone jak u węża, płetwy niepodzielone, małe płetwy piersiowe, brak płetw brzusznych, pysk przedni; zęby szczotkowe. Bardzo małe łuski. Grzbiet czarnoniebieski do brązowozielonego, brzuch szarobiały do brudnożółtego.

Występowanie: We wszystkich wodach mających połączenie z Oceanem Atlantyckim z wyjątkiem rzek uchodzących do Morza Czarnego. W przypadku sztucznego zarybiania również w zamkniętych zbiornikach.

Biologia: Larwy węgorza niesione Prądem Zatokowym dryfują z rejonów tarła na Oceanie Atlantyckim (Morze Sargassowe) w kierunku wybrzeży Europy, gdzie docierają jako węgorzyki szkliste. Wpływają do rzek i w tym czasie następuje pigmentacja ich skóry. Samce osiągają zazwyczaj 40–50 cm długości i pozostają w rejonie wybrzeża. Samice przepływają do wód śródlądowych. Po upływie 5–7 lat (samce) i 8–12 lat (samice) powracają do Morza Sargassowego na tarło, po czym prawdopodobnie giną. Węgorze o wydłużonych głowach żywią się drobnymi zwierzętami, węgorze o szerokich głowach jedzą głównie ryby.

Długość: do 150 cm; masa: do 6,0 kg (PM: 0,4 kg).

Połów: Węgorze najlepiej łowić *średnią wędką gruntową.* Przynętę (rosówki, mięso raków, martwe rybki) podajemy na dnie lub tuż nad nim. Holujemy zdecydowanie, siłowo.

miesiąc	1	2	3	4	5	6	7	8	9	10	11	12
tarło i branie	- -	- -	- -	- -	- d	d d	b b	b b	b b	d d	d d	- -	- -	-

kraina pstrąga	kraina lipienia	kraina brzany	kraina leszcza	kraina przyujściowa
jezioro sielawowe	jezioro płoci	jezioro boleni	jezioro sandaczy	jezioro szczupaków i linów

22 Miętus
(Lota lota L.)

Cechy: G 19-16, G II 67-85, P 18-20, B 5-6, O 65-78
Ciało wydłużone, z przodu walcowate, z tyłu spłaszczone; szeroka spłaszczona głowa. Bardzo małe łuski, na podbródku jeden wąs, pysk lekko dolny, szczęki wyposażone w zęby igłowe. Grzbiet i boki brązowe, żółtooliwkowe do zielonkawych, z ciemniejszym marmurkowaniem, brzuch brudnobiały.
Występowanie: Prawie w całej Europie na północ od Pirenejów i Półwyspu Bałkańskiego.
Biologia: Jest to jedyna ryba słodkowodna zaliczana do dorszowatych. Występuje w rzekach i jeziorach w pobliżu dna. Lubi zimną, czystą wodę. Młode osobniki żywią się drobnymi zwierzętami, starsze – rybami. Tarło trwa od grudnia do lutego. Miętus wędruje dużymi stadami w górę rzeki. Jest zagrożeniem dla populacji pstrągów, ponieważ zjada ich ikrę i narybek.
Długość: do 80 cm; masa: do 5 kg w Europie Środkowej, do 10 kg w Europie Wschodniej (PM: 0,7 kg).
Połów: Miętusy łowi się *średnią wędką gruntową* (bez spławika). Najlepiej zarzucać wędkę podczas ich wędrówek na tarło przed śluzami, jazami i innymi wodnymi przeszkodami powstrzymującymi ryby. Przynętę (rosówki, martwe rybki, kurze wnętrzności) umieszczamy na skraju głównego nurtu i w zakolach. Ryba bierze dość energicznie. Zaciętą rybę holujemy mocno i zdecydowanie.

miesiąc	1	2	3	4	5	6	7	8	9	10	11	12
tarło i branie	T	T	b	b	d	d	d	–	–	–	–	–	–	–	–	d	d	d	b	T b	T b	T b	T b

kraina pstrąga	kraina lipienia	kraina brzany	kraina leszcza	kraina przyujściowa
jezioro sielawowe	jezioro płoci	jezioro boleni	jezioro sandaczy	jezioro szczupaków i linów

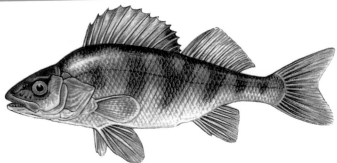

23. Okoń

(Perca fluviatilis L.)

Cechy: G I 13-17/0, G II 1/14-15, P 14, B 1/5, O 2/8-9, LB 54-68
Ciało krępe, z dość wysokim grzbietem, duża głowa i oczy; pysk dolny, uzębiony. Grzbiet ciemny, boki zielonkawe lub barwy mosiądzu, poprzeczne smugi długości 5–7 cm, brzuch jasny, płetwy brzuszna i odbytowa czerwone, pierwsza płetwa grzbietowa ma czarną lub czarno-niebieską kropkę.
Występowanie: W całej Europie, poza północną Szkocją, północną Norwegią, Półwyspem Pirenejskim i Włochami.
Biologia: Okoń żyje w stadach, na różnych głębokościach i w różnych krainach zależnie od wieku. Młode okonie żywią się drobnymi zwierzętami, później prowadzą drapieżny tryb życia. Ryby te można spotkać prawie we wszystkich wodach stojących i bieżących, również w zatokach morskich. Trą się w kwietniu i maju. Samica składa 200 000 – 300 000 jaj w postaci tzw. wstęg na liściach podwodnych roślin. W przypadku bardzo licznej populacji zdarza się karłowacenie osobników.
Długość: do 65 cm; masa: do 3,5 kg (PM: 0,2 kg).
Połów: Okonie najlepiej łowić *średnią wędką gruntową* (przynęta: robak lub martwa rybka) albo *lekką wędką spinningową*. Stosuje się również *wędkę muchową* (streamer). Rybę trzeba ostrożnie holować, ponieważ haczyk łatwo się wyślizguje. Większe okonie zawsze należy wyciągać podbierakiem.

miesiąc	1	2	3	4	5	6	7	8	9	10	11	12
tarło i branie	d	d	d	d	d	–	T	T	T	d	d	d	b	b	b	b	d	d	d	d	d	d	d	d

kraina pstrąga	kraina lipienia	kraina brzany	kraina leszcza	kraina przyujściowa
jezioro sielawowe	jezioro płoci	jezioro boleni	jezioro sandaczy	jezioro szczupaków i linów

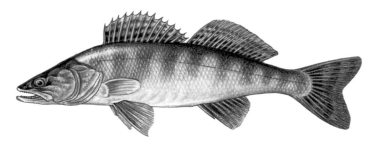

24 Sandacz

(Stizostedion lucioperca L.)

Cechy: G I 13-15/0, G II 1-2/19-23, P 0/15, B 1/5, O 2/11-12, LB 75-100
Ciało wydłużone z wąską głową o długim pysku; pysk szeroko rozcięty aż do oczu; szczęki mocno uzębione z dużymi kłami. Ubarwienie grzbietu ciemnoszarooliwkowe po oliwkowozielone, boki matowosrebrne z oliwkową poświatą, 8 – 10 ciemnych poprzecznych smug, brzuch srebrzystoszary.
Występowanie: Od Renu po Europę Wschodnią.
Biologia: Sandacz jest rybą drapieżną przywiązaną do stanowiska w większych rzekach, jeziorach i zatokach. Młode osobniki żywią się drobnymi zwierzętami, dorosłe wyłącznie rybami (ukleje, stynki). San-dacz osiąga dojrzałość w 4. roku życia. Samica składa jaja od kwietnia do maja na kamieniach i zatopionych krzakach.
Długość: do 120 cm; masa: do 15 kg (PM: 1,5 kg).
Połów: Sandacze łowi się głównie *na martwą rybkę* z pojedynczym haczykiem. Przynętę podajemy blisko dna. Ryba ta bierze ostrożnie. Dopiero gdy połknie przynętę i odpłynie, wykonujemy zacięcie. W ostatnich latach bardzo popularną i skuteczną metodą łowienia sandaczy jest *spinning* z użyciem gum i woblerów. Możliwy jest również połów na małego pilkera.

miesiąc	1	2	3	4	5	6	7	8	9	10	11	12
tarło i branie	-	-	-	-	-	-	T T T	T d d	d d d	b b b	b d d	d d d -

kraina pstrąga	kraina lipienia	kraina brzany	kraina leszcza	kraina przyujściowa
jezioro sielawowe	jezioro płoci	jezioro boleni	jezioro sandaczy	jezioro szczupaków i linów

25 Belona
(Belone belone L.)

Cechy: G 2/15-16, P 1/11-13, B 6-7, O 2/18-21
Ciało długie i wąskie o niemal okrągłym przekroju; wydłużony, twardy, uzębiony pysk w kształcie szpiczastego dziobu; łatwo odchodzące łuski. Ubarwienie grzbietu ciemnoniebieskozielone, boki jaskrawojasnozielone, brzuch srebrnobiały.

Występowanie: We wszystkich morzach graniczących z kontynentem europejskim.

Biologia: Belona to atlantycka ryba wędrowna; zimą przebywa na otwartym morzu. Żyje w stadach blisko powierzchni wody. Jest znakomitym pływakiem. Trze się od marca do maja w Morzu Bałtyckim, Morzu Północnym, w cieśninie Kattegat oraz w Wielkim i Małym Bełcie. Tarło może przedłużyć się do września.

Samica składa do 35 000 jaj na płytkich wodach na liściach roślin i kamieniach. Belony atakują małe rybki.

Długość: do 100 cm; masa do 1,0 kg (PM: 0,3 kg).

Połów: Belony najlepiej łowić *średnią wędką gruntową* na głębokości 1–1,5 m, a w razie wyższej fali – głębiej. Przynętę stanowią całe rybki lub świeże kawałki śledzia. Ryba mocno bierze. W przypadku zastosowania naturalnej przynęty zacięcie nie jest konieczne. Belony można też łowić *średnią wędką spinningową*. Wąską srebrzystą wahadłówkę lub gumę należy prowadzić bardzo szybko. W momencie brania trzeba wykonać mocne zacięcie i szybko wyciągnąć. Haczyk bardzo słabo trzyma się w twardym pysku. Belony nadają się do połowu również z brzegu, ponieważ zamieszkują też płytkie wody przybrzeżne.

miesiąc	1	2	3	4	5	6	7	8	9	10	11	12
tarło i branie	- -	-	-	- -	- -	- T	T d	b b	d -	- -	- -	- -

kraina przyujściowa	rejon przybrzeżny	otwarte morze do 100 m głębokości	otwarte morze do 200 m głębokości	Powierzchnia
				średnia głębokość
				dno

26 Makrela

(Scomber scombrus L.)

Cechy: G I 10-15/0, G II 1/10-13, za nią 5-6 małych płetw, O 2/8-13, za nią 4-6 małych płetw.

Krępe, wrzecionowate ciało, pysk mocno rozcięty. Ubarwienie grzbietu zielononiebieskie z ciemnym marmurkowaniem. Boki i brzuch w kolorze czerwonoperłowym, u martwych ryb matowoniebiesko-srebrny.

Występowanie: We wszystkich morzach graniczących z Europą.

Biologia: Ta szybko pływająca ryba wędrowna żyje w stadach. Zimą przebywa przy dnie, latem blisko powierzchni. Zimą zapada w letarg i nie pobiera pokarmu. Od kwietnia do maja ciągnie w kierunku brzegu. Okres tarła w wodach południowej Anglii, Północnej Francji i Morza Północnego trwa od maja do czerw-ca, w cieśninach Skagerrak i Kattegat od czerwca do lipca. Jaja (450 000) składa blisko powierzchni wody. Prowadzi drapieżny tryb życia.

Długość: do 60 cm; masa: do 2,5 kg (PM: 0,5 kg).

Połów: Do połowu można użyć *średniej wędki gruntowej, wędki spinningowej* (pilker, toby, błystka Heintza) lub *zestawu paternoster.* Przynętę (szprotkę lub kawałki śledzia) umieszczamy na głębokości 5–10 m lub blisko dna. Makrela unika okolic wybrzeża Morza Północnego z powodu silnego zmętnienia wody w tych miejscach. Można ją spotkać w większej odległości od brzegu. Dobrymi terenami połowu są również okolice wyspy Helgoland. Makrela bierze gwałtownie. Natychmiast należy wykonać zacięcie.

miesiąc	1	2	3	4	5	6	7	8	9	10	11	12
tarło i branie	-	-	-	-	-	-	T	T	T	T	T	T	T	d	b	b	b	b	d	-	-	-	-	-

kraina przyujściowa	rejon przybrzeżny	otwarte morze do 100 m głębokości	otwarte morze do 200 m głębokości	powierzchnia
				średnia głębokość
				dno

27 Dorsz
(Gadus morrhua L.)

Cechy: G I 12-16, G II 14-24, G III 17-21, P 16-21, B 5-6, O I 17-23, O II 15-19
Ciało o wydatnym grzbiecie i brzuchu, mocno zwężające się ku tyłowi, duża głowa; na krótszej dolnej szczęce znajduje się jeden wąs. Ubarwienie zależne od miejsca przebywania.
Występowanie: W północnej części Oceanu Atlantyckiego i w Morzu Bałtyckim.
Biologia: Wśród dorszy wyróżnia się szczepy wędrujące różnymi trasami. Są to ryby drapieżne. Żyją w stadach na głębokości do 500 m blisko dna. Większość szczepów trze się wiosną w wodzie o temperaturze 4 – 6°C. W Morzu Bałtyckim tarło odbywa się w lipcu. Samice składają do 5 mln jaj. Dorsz to ryba zimnolubna, unika wód o temperaturze powyżej 10°C.
Długość: do 150 cm; masa: do 40 kg (PM w Bałtyku: 2 kg).
Połów: Dorsza łowi się głównie na *spinning*. Przynętę (pilker) trzeba prowadzić po dnie, unosząc ją i opuszczając. Można też użyć *średniej lub ciężkiej wędki gruntowej* (długa wędka jest niezbędna do połowu z brzegu). Przynętę (krewetki, robaki żyjące w mule, szprotki) podajemy na zestawie z ciężarkiem gruntowym. Podczas połowu w przybrzeżnych falach należy używać wąskich, ale ciężkich błystek wahadłowych. Podane w tabelce okresy tarła i brania dotyczą szczepów w Morzu Bałtyckim.

miesiąc	1		2		3		4		5		6		7		8		9		10		11		12
tarło i branie	d	d	d	d	d	T	T	T	T	-	d	d	d	d	d	d	d	b	b	b	b	d	d	d

kraina przyujściowa	rejon przybrzeżny	otwarte morze do 100 m głębokości	otwarte morze do 200 m głębokości	powierzchnia
				średnia głębokość
				dno

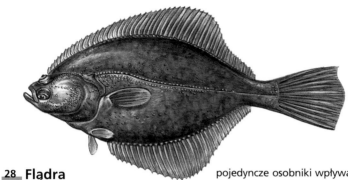

28 Flądra

(Platichthys flesus L.)

Cechy: G 49-71, P 7-13, O 33-48
Ciało płaskie o szorstkiej skórze z występującymi cierniowatymi brodawkami; pysk górny, szeroko rozcięty. Trzecia część wszystkich fląder ma oczy usytuowane na prawym boku, a pozostałe – na lewym. Wierzchnia część ciała w zasadzie jest szarobrązowa z brązowym marmurkowaniem, ubarwienie jest jednak zmienne. Spód ciała ma barwę brudnoszarobiałą.

Występowanie: W pobliżu brzegów morskich w całej Europie, do 25 m głębokości.

Biologia: Flądra żyje blisko dna w płytkiej wodzie w pobliżu brzegu. Występuje również w rejonie przyujściowym rzek wpadających do morza. Latem pojedyncze osobniki wpływają do rzek. Ryby te są aktywne nocą. Odżywiają się bezkręgowcami bentonicznymi, dorosłe osobniki zjadają również małe rybki. Trą się od lutego do kwietnia w południowej i południowo-wschodniej części Morza Północnego na głębokości 20 – 40 m, w zachodniej części Bałtyku na głębokości 40–100 m, jeśli zawartość soli wynosi co najmniej 10%.

Długość: do 50 m; masa: do 1,5 kg (PM w Bałtyku: 0,25 kg).

Połów: Flądry łowi się *średnią wędką gruntową* z ołowiem dennym. Przynętę (robaki żyjące w mule, krewetki, kawałki śledzia) umieszczamy na piaszczystym lub mulistym gruncie na głębokości 2 m. Branie nawet podczas dużej fali jest wyraźnie wyczuwalne.

miesiąc	1	2	3	4	5	6	7	8	9	10	11	12
tarło i branie	-	-	T T	T T	T T	T T	T d	d b	b b	b b	b b	d d	- -	- -	-

kraina przyujściowa	rejon przybrzeżny	otwarte morze do 100 m głębokości	otwarte morze do 200 m głębokości	powierzchnia
				średnia głębokość
				dno

Dziennik wędkarza

Każdy, kogo lektura tej książki zachęci do uprawiania wędkarstwa, z pewnością prędzej czy później odczuje potrzebę utrwalenia przeżyć doznanych nad wodą. Po latach miło będzie przywołać wspomnienie konkretnego dnia. Prowadzenie dziennika ma też znaczenie praktyczne: pozwala uniknąć tworzenia legend, a pewnego dnia może się okazać, że własne zapiski są nieocenionym źródłem wiedzy.

Sam od dziesiątków lat prowadzę taki dziennik. Zapisuję w nim wszystko, co wydarzyło się podczas wyprawy i co wydaje mi się ważne. Szczególnie skrupulatnie zapisuję warunki pogodowe i stan wód oraz obserwacje dotyczące techniki i taktyki połowu. Naturalnie zapisuję również datę, czas połowu, nazwę zbiornika i inne istotne informacje, jak ciśnienie powietrza, temperaturę wody i otoczenia.

Dla ułatwienia przedstawiam propozycję prowadzenia takiego dziennika. Można z niej skorzystać lub też dopisać nowe rubryki czy zmienić je według własnego uznania.

Dziennik wędkarza w roku...

Data	Zbiornik	Czas położenia
01.09.04	Stepenitz pod Lübzow, powyżej ujścia Schlatbach	15.00–18.00

ogo la	Pogoda	Stan wody	Metoda Przynęta	Wynik	Inne
	ciepło i duszno, lekka mżawka, potem przejaśnienia, słaby wiatr z połu-dniowego zachodu, ciśnienie spada, noce chłodne	po ostatnich deszczach stan podwyższony, ale opada, woda lekko zmącona	zestaw z ciężarkiem gruntowym, rosówka, wędka spinningowa, mepps-aglia nr 3	2 węgorze (48 i 56 cm) 1 szczupak (58 cm) 3 małe okonie	na błystkę obrotową straciłem dwa dalsze szczupaki; roślinność wodna jeszcze bogata

Źródła pochodzenia ilustracji

Fotografie:
Göllner, Dr. Armin, Mannheim: strony 2, 8, 13, 14, 15, 18, 20, 34, 38, 44 (obie), 45, 46, 64, 65, 72 (obie), 73, 74, 78, 79, 82, 85, 87 (obie), 89, 91, 93, 96, 99, 106, 112, 117, 127, 130, 135, 142 (obie), 143
Göllner, Dr. Ramona, Mannheim: strona 102
Göllner, Markus, Schwante bei Berlin: strony 28, 29 (obie), 60, 68, 120
Sagui, Guillermo Esquell (Argentinien): strona 147
Wengerofsky, Ursula, Ladenburg: Titelfoto

Rysunki
Rysunki wykonała Christiane Gottschlich, Berlin, na podstawie szkiców i projetów autora książki.

Skorowidz

Skorowidz

Tytuł oryginału
Das Angelbuch für Anfänger

Projekt okładki: Joko Sander Werbeagentur, München
Przekład z języka niemieckiego: Krystyna Zuchowicz
Konsultacja: Jacek Gryglewski

Redakcja wydania polskiego: Beata Maria Mizerska
Redaktor techniczny: Elżbieta Kacprzak
Korekta: Barbara Zamorska-Wieliczko

ISBN 978-83-7175-466-1

Skład i łamanie:»Coronei« Warszawa
Druk i oprawa: Białostockie Zakłady Graficzne S.A.